O ESSENCIAL DA ESCOLA AUSTRÍACA DE ECONOMIA

CONHEÇA OUTROS LIVROS:

POLÍTICA, IDEOLOGIA E CONSPIRAÇÕES

DESCULPE-ME, SOCIALISTA

MITOS E FALÁCIAS SOBRE A AMÉRICA LATINA

A LEI

MENOS ESTADO E MAIS LIBERDADE

OS ERROS FATAIS DO SOCIALISMO

DA LIBERDADE INDIVIDUAL E ECONÔMICA

O ESSENCIAL DE ADAM SMITH

LIBERDADE É PROSPERIDADE – A FILOSOFIA DE AYN RAND

O ESSENCIAL DE MILTON FRIEDMAN

O ESSENCIAL DE JOSEPH SCHUMPETER

O ESSENCIAL DE JOHN LOCKE

O ESSENCIAL DE ROBERT NOZICK

O ESSENCIAL DE DAVID HUME

CHRISTOPHER J. COYNE
&
PETER J. BOETTKE

O ESSENCIAL DA ESCOLA AUSTRÍACA DE ECONOMIA

Tradução:
Matheus Paccini

COPYRIGHT © 2020 BY THE FRASER INSTITUTE. ALL RIGHTS RESERVED. NO PART OF THIS BOOK MAY BE REPRODUCED IN ANY MANNER WHATSOEVER WITHOUT WRITTEN PERMISSION EXCEPT IN THE CASE OF BRIEF QUOTATIONS EMBODIED IN CRITICAL ARTICLES AND REVIEWS. THE AUTHORS OF THIS PUBLICATION HAVE WORKED INDEPENDENTLY AND OPINIONS EXPRESSED BY THEM ARE, THEREFORE, THEIR OWN, AND DO NOT NECESSARILY REFLECT THE OPINIONS OF THE FRASER INSTITUTE OR ITS SUPPORTERS, DIRECTORS, OR STAFF. THIS PUBLICATION IN NO WAY IMPLIES THAT THE FRASER INSTITUTE, ITS DIRECTORS, OR STAFF ARE IN FAVOUR OF, OR OPPOSE THE PASSAGE OF, ANY BILL; OR THAT THEY SUPPORT OR OPPOSE ANY PARTICULAR POLITICAL PARTY OR CANDIDATE.

COPYRIGHT © FARO EDITORIAL, 2022
TODOS OS DIREITOS RESERVADOS.

Nenhuma parte deste livro pode ser reproduzida sob quaisquer meios existentes sem autorização por escrito do editor.

O autor deste livro trabalhou de forma independente, e as opiniões expressas por ele são, portanto, suas próprias e não refletem necessariamente as opiniões dos adeptos, diretores ou funcionários do Fraser Institute. Esta publicação não implica de forma alguma que o Fraser Institute, seus diretores ou funcionários sejam a favor ou se oponham à aprovação de qualquer projeto de lei; ou que eles apoiem ou se oponham a qualquer partido ou candidato em particular.

Avis Rara é um selo da Faro Editorial.

Diretor editorial: **PEDRO ALMEIDA**
Coordenação editorial: **CARLA SACRATO**
Preparação: **ANA CAROLINA SALINAS**
Revisão: **BÁRBARA PARENTE**
Adaptação de capa e diagramação: **CRISTIANE | SAAVEDRA EDIÇÕES**

Dados Internacionais de Catalogação na Publicação (CIP)
Jéssica de Oliveira Molinari CRB-8/9852

Coyne, Christopher J.
    O essencial da Escola Austríaca de Economia / Christopher J. Coyne, Peter J. Boettke ; tradução de Matheus Paccini. São Paulo: Faro Editorial, 2022.
    112 p.

    Bibliografia
    ISBN: 978-65-5957-140-6
    Título original: The Essential Austrian Economics

    1. Economia 2. Escola austríaca de economistas I. Título II. Boettke, Peter J. III. Paccini, Matheus

22-1202   CDD 330

Índice para catálogo sistemático:
1. Economia

1ª edição brasileira: 2022
Direitos de edição em língua portuguesa, para o Brasil, adquiridos por **FARO EDITORIAL**

Avenida Andrômeda, 885 – Sala 310
Alphaville – Barueri – SP – Brasil
CEP: 06473-000
WWW.FAROEDITORIAL.COM.BR

Sumário

7	DEDICATÓRIA

9	A HISTÓRIA DA ECONOMIA AUSTRÍACA E DO PENSAMENTO MARGINALISTA
15	PRINCÍPIOS METODOLÓGICOS
23	CÁLCULO ECONÔMICO
33	CAPITAL E A ESTRUTURA DE PRODUÇÃO
41	O PROCESSO DE MERCADO
51	ORDEM ESPONTÂNEA
61	INTERVENCIONISMO
69	CICLOS ECONÔMICOS
79	PLANEJAMENTO E O PROBLEMA DO PODER
89	ECONOMIA AUSTRÍACA, ONTEM E HOJE

93	SUGESTÕES DE LEITURA
99	SOBRE OS AUTORES
103	AGRADECIMENTOS
105	PROPÓSITO, FINANCIAMENTO E INDEPENDÊNCIA DO FRASER INSTITUTE
107	SOBRE O FRASER INSTITUTE
109	REVISÃO POR PARES - VALIDANDO A EXATIDÃO DE NOSSA PESQUISA
111	CONSELHO EDITORIAL CONSULTIVO

*Aos professores que nos apresentaram
as ideias da Escola Austríaca de Economia.*

A história da economia austríaca e do pensamento marginalista

> [...] o homem, com suas necessidades e seu controle sobre os meios de satisfazê-las, é o ponto de partida e de chegada de toda a economia humana.
>
> — Carl Menger (1871/1981),
> *Principles of Economics*, p. 108.

A ORIGEM DA ESCOLA AUSTRÍACA DE ECONOMIA REMONTA à publicação do livro *Princípios de economia política*, de Carl Menger, em 1871. Menger, na Áustria, junto com William Stanley

Jevons, na Inglaterra, e Léon Walras, na Suíça, são considerados os cofundadores da Revolução Marginalista na economia, que marcou a mudança de paradigma da estabelecida teoria do valor--trabalho para a teoria do valor baseada na utilidade marginal. A teoria do valor-trabalho defendia que o valor de uma *commodity* é determinado em função do trabalho necessário para produzi-la. Por outro lado, os revolucionários marginalistas argumentavam que o valor não é baseado na quantidade de trabalho investido, mas reflete o quão útil as pessoas entendem que a mercadoria seja para a satisfação de seus fins.

Essa revolução impactou radicalmente no modo como os economistas entendiam o mundo. Um computador não é caro porque levou algumas horas para ser produzido, mas porque os consumidores o valoram por sua utilidade na busca de seus objetivos. Por sua vez, a valoração do consumidor do computador final é o que fomenta a demanda pelos insumos — trabalho e recursos — usados para produzi-lo. Com efeito, é a valoração do consumidor, e não a quantidade de esforço, que determina os preços. Mas o que determina essa valoração?

Essa é uma questão que atormentou os cientistas sociais por séculos. Podemos resumi-la no famoso paradoxo da água e do diamante, que propõe a seguinte questão: por que os consumidores valoram o diamante, um item de luxo, mais do que a água, que é essencial para a vida? Ao introduzir o conceito de utilidade marginal, Menger e seus correvolucionários resolveram esse paradoxo.

Na maioria dos casos, as pessoas não tomam decisões entre "isso ou aquilo". Ou seja, as pessoas normalmente não escolhem entre ter apenas água ou diamantes. Em vez disso, costumam escolher quantidades variadas de água e diamantes. Não se trata de uma escolha "isso ou aquilo", a forma correta de compreendê-la é como uma decisão marginal em que o indivíduo escolhe consumir uma unidade adicional de água ou diamantes.

Pense em como você usa a água. Certamente você consome água (essencial para a vida) para matar sua sede. No entanto, a água é tão abundante que a usamos para tomar banho, regar o jardim e lavar o carro. A abundância de água implica que o valor do uso adicional (ou seja, marginal) é baixo, o que se reflete no preço que estamos dispostos a pagar por uma unidade adicional de água. Se a água se tornasse escassa de uma hora para outra, talvez por causa de uma seca, reduziríamos nossos usos menos valiosos — como regar o jardim ou lavar o carro — antes de reduzir o consumo de água para matar a sede. Essa crescente escassez faria o preço da água aumentar, induzindo as pessoas a evitarem o desperdício.

Agora, considere os diamantes. Eles costumam ser escassos, e seu principal uso é ornamental. Como tal, o preço que a maioria das pessoas está disposta a pagar por um diamante marginal é alto. Pense no que aconteceria se os diamantes fossem tão abundantes quanto sacos de lixo: o seu valor de uso seria tão baixo quanto o preço do diamante marginal. Como ilustrado por seu poder de resolver o paradoxo da água e do diamante, a utilidade marginal tornou-se a base de uma nova abordagem para compreender a ação social.

No entanto, a teoria do valor-trabalho não era o único alvo de Menger em *Princípios*. Ele também estava respondendo à Escola Historicista Alemã, que dominava o pensamento econômico do mundo germânico na época. Esta defendia que a ciência econômica era incapaz de gerar princípios universais que se aplicassem ao longo do tempo e em distintos espaços geográficos. Por isso, defendia que o melhor que os economistas poderiam fazer era se dedicar ao estudo histórico de circunstâncias particulares, com a esperança de identificar alguns padrões particulares e específicos ao contexto estudado.

Em contraste, Menger argumentava que leis econômicas universais se aplicavam a todos os contextos, provando sua visão através da análise da utilidade marginal. Já os membros da Escola Historicista Alemã discordavam das afirmações de Menger e seus colegas Eugen Böhm-Bawerk e Friedrich von Wieser sobre a possibilidade de uma teoria universal e os rotularam de Escola Austríaca devido às posições que ocupavam na Universidade de Viena. Ao que parece, o rótulo colou.

Gerações subsequentes de acadêmicos austríacos ampliaram as obras de Menger, Böhm-Bawerk e Wieser. Após a Primeira Guerra Mundial, Ludwig von Mises e F. A. Hayek assumiram a liderança intelectual da Escola Austríaca. Mises (*Socialism: An Economic and Sociological Analysis*, 1922) e Hayek (*Individualism and Economic Order*, 1948) participaram de um importante debate com pensadores socialistas sobre os melhores meios de organizar a atividade econômica para produzir riqueza. Hayek também participou de um debate acadêmico com John Maynard Keynes sobre questões macroeconômicas e a viabilidade do sistema capitalista na ausência de um envolvimento significativo do governo.

Além desses debates, ambos fizeram contribuições relevantes para a ciência econômica. Por exemplo, Mises publicou obras em teoria monetária e ciclos econômicos (*The Theory of Money and Credit*, 1912); metodologia econômica (*Epistemological Problems of Economics*, 1933; *Theory and History*, 1957; *The Ultimate Foundations of Economic Science*, 1962); economia da burocracia governamental (*Bureaucracy*, 1944); e intervencionismo estatal (*A Critique of*

Interventionism, 1929; *Omnipotent Government*, 1944). Sua obra--prima, *Human Action* (1949), integrou sistematicamente sua obra em um tratado abrangente sobre economia.

Hayek publicou obras em teoria monetária, teoria do capital e teoria do ciclo de negócios (*Prices and Production*, 1931; *Monetary Theory and the Trade Cycle*, 1933; *The Pure Theory of Capital*, 1941); política e teoria política (*The Road to Serfdom*, 1944; *The Constitution of Liberty*, 1960); teoria do direito (*Law, Legislation and Liberty*, três volumes, 1973–1979). Em 1974, Hayek recebeu o Prêmio Nobel de Economia por seu trabalho em economia monetária e ciclos de negócios.

Desde a década de 1930, nenhum economista de uma universidade austríaca teve posição de destaque na Escola Austríaca. Após Hayek conquistar o Nobel em 1974, houve um renascimento no interesse pelas ideias da Escola Austríaca. Os principais autores dessa nova fase foram Israel Kirzner, Murray Rothbard e Ludwig Lachmann, que ampliaram as ideias estabelecidas primeiramente por Menger.

Kirzner fez contribuições relevantes para a teoria do capital (*An Essay on Capital*, 1966), para a teoria do processo de mercado e empreendedorismo (*Market Theory and the Price System*, 1963; *Competition and Entrepreneurship*, 1973; *Perception, Opportunity and Profit Studies in the Theory of Entrepreneurship*, 1985; *The Meaning of Market Process: Essays in the Development of Modern Austrian Economics*, 1992).

Rothbard fez contribuições para a teoria da estrutura de mercado, teoria dos bens públicos, teoria monetária, economia do bem-estar e a dinâmica da intervenção governamental no mercado (*Man, Economy, and State*, 1962; *Power and Market: Government and the Economy*, 1970; *The Logic of Action*, 1997). Ele também publicou trabalhos acadêmicos com foco na aplicação da teoria austríaca dos ciclos de negócios (*The Panic of 1819: Reactions and Policies*, 1962; *America's Great Depression*, 1973).

Lachmann desenvolveu a teoria austríaca do capital ao incorporar as expectativas subjetivas e uma apreciação pela natureza heterogênea do capital (*Capital and Its Structure*, 1956; *Capital, Expectations and the Market Process*, 1977). Ele também analisou o papel das instituições na coordenação da vida social e econômica das pessoas (*The Legacy of Max Weber*, 1971) e a importância da microeconomia para a análise macroeconômica (*Macro-economic Thinking and the Market Economy*, 1973).

Gerações subsequentes de acadêmicos austríacos desenvolveram e expandiram os *insights* desses pensadores. O propósito deste livro é apresentar uma visão geral dos princípios-chave da economia austríaca. Para fazê-lo, sintetizamos os *insights* dos pensadores supracitados, discutindo um conjunto de oito tópicos que condensam os elementos centrais do pensamento austríaco.

Capítulo 2

Princípios metodológicos

> O objeto de investigação é o homem em uma condição de ação. Por isso, nossa mente confirma toda descrição precisa dos processos de sua consciência por meio da afirmação de que as coisas são assim, e deveriam ser assim. Nesses casos, nós, cada um de nós, ouvimos a lei proferida por uma inconfundível voz interna. Que grande vantagem teria o naturalista se também pudesse apelar para a voz da natureza para confirmar as leis que prevalecem no mundo orgânico e inorgânico! Enquanto as ciências naturais só podem oferecer provas, a teoria econômica pode persuadir; pode conseguir o incondicional consentimento interno dos leitores.
>
> — Friedrich von Wieser (1927/2003),
> *Social Economics*, pp. 8-9.

AO RELANÇAR A ECONOMIA DE ACORDO COM A ANÁLISE

da utilidade marginal, Carl Menger forneceu um conjunto único de princípios metodológicos que estão no cerne do que diferencia a Economia Austríaca das outras escolas de pensamento econômico. Esses princípios são baseados no propósito central da economia, que é a inteligibilidade do mundo em que vivemos. Além disso, como seu objetivo é entender o mundo humano, os economistas devem avaliar os eventos por uma perspectiva inteligível em termos de ação humana propositada. Isso leva ao reconhecimento de que apenas indivíduos enfrentam decisões e fazem escolhas, embora estas sejam indubitavelmente condicionadas por seus entornos sociais. Portanto, os fenômenos sociais só são inteligíveis se o economista relaciona esses fenômenos às decisões individuais. Esse é o conceito de "individualismo metodológico", o qual defende que as pessoas, com seus propósitos e planos particulares, são o ponto de partida da análise econômica.

Grupos e organizações, que são formados por pessoas, não se envolvem em escolhas, nem têm propósitos e planos que não os dos indivíduos que os constituem. Carolina pode escolher fazer parte de um grupo, e até mesmo ceder o seu poder decisório a outro membro dele. Contudo, para entender o grupo e a participação de Carolina nele, devemos começar com as metas de Carolina e como a sua decisão de se juntar ao grupo se enquadra nesses objetivos. Isso implica partir dos decisores individuais e rastrear as implicações de suas decisões à luz de seus fins desejados.

Esses princípios centrais — individualismo metodológico e comportamento propositado — têm implicações importantes para a forma como abordamos a análise econômica. Estamos interessados em explicar uma variedade de fenômenos complexos — por exemplo, troca e formação de preços — e, ao fazê-lo, verificamos que esses fenômenos são formados pelas ações de diversos agentes individuais. É apenas apreciando os propósitos e planos dos indivíduos que podemos tentar entender o mundo. Todos os teoremas da economia — ou seja, os conceitos de utilidade marginal, custo de oportunidade e o princípio da oferta e demanda — derivam da reflexão sobre o comportamento propositado da ação humana. A teoria econômica não representa um conjunto de hipóteses testáveis, mas sim um conjunto de ferramentas conceituais que nos ajudam a ler e entender as complexidades do mundo empírico.

Isso é fundamentalmente diferente do método científico empregado nas ciências naturais. Por exemplo, seguindo o método das ciências naturais, seria possível propor uma explicação "científica" sobre um homem que coloca pedaços de papel em caixas numeradas localizadas em uma calçada. Todas as tardes, às 15h30, o cientista observa que um homem de uniforme amarelo passa de casa em casa colocando pedaços de papel em pequenas caixas, que estão em frente a essas casas. Alguém poderia desenvolver uma hipótese testável e fazer previsões específicas a respeito desses dados, ou seja, "às 15h30, esse homem vestido de amarelo colocará pedaços de papel em pequenas caixas que estão localizadas na calçada, em frente a distintas casas". Então, o cientista pode "testar" sua hipótese frente aos dados derivados da observação. A hipótese é, então, rejeitada ou temporariamente aceita.

O que é único nas ciências humanas, em comparação às ciências físicas, é que tal explicação deixaria de lado o ponto essencial do fenômeno sendo estudado. O cientista humano pode atribuir um propósito se quiser entender os fenômenos pesquisados. Podemos entender que o pedaço de papel não está sendo depositado nas caixas sem motivo algum, mas sim que um carteiro está entregando cartas para indivíduos que residem naqueles endereços específicos. Esse entendimento é possível porque o cientista humano pode confiar no conhecimento de tipos ideais de outros seres humanos.

Conhecemos alguns seres humanos devido às nossas relações pessoais diárias — por exemplo, nossos amigos, parentes e colegas de trabalho. Outros conhecemos por meio das posições que ocupam ou das crenças que supostamente defendem — por exemplo, "carteiro", "policial", "progressista". No entanto, a maioria dos outros indivíduos só conhecemos como "humanos" — ou seja, seres que escolhem livremente e se esforçam para conquistar seus objetivos ao arranjar e rearranjar os recursos disponíveis. Podemos entender o comportamento propositado do "outro" porque nós mesmos somos humanos. Esse conhecimento, referido como "conhecimento interno", é particular das ciências humanas e cria problemas fundamentais de análise quando é eliminado ao se importarem os métodos das ciências naturais às ciências sociais, para criar uma "física social".

Embora fosse desejável eliminar o antropomorfismo — ou seja, a atribuição do comportamento humano a animais ou objetos — do estudo da natureza, seria completamente indesejável eliminar o fator humano — os propósitos, planos e imperfeições das pessoas — do estudo dos fenômenos humanos. Esse exercício resulta no mecanomorfismo das ciências humanas — ou seja, a atribuição de comportamento mecânico a sujeitos decisores e criativos. Em tal situação, a economia não é mais uma ciência humana, pois acabamos falando sobre o comportamento de robôs, e não de seres humanos.

Para os economistas austríacos, a natureza subjetiva dos seres humanos permeia todos os aspectos da economia. Os "fatos" nas ciências humanas não são objetivos como nas ciências naturais, mas informam como as pessoas percebem o mundo. Todos os fenômenos são filtrados pela mente humana. Esse entendimento distinguia Menger de Jevons e Walras, seus correvolucionários marginalistas. Todos os três pensadores apreciavam a ideia do marginalismo e o papel da utilidade marginal. Mas Menger destacou que as avaliações dos fins desejados, bem como a determinação dos melhores meios para atingi-los são unicamente subjetivos ao indivíduo que escolhe. Isso tem implicações importantes que diferenciam os austríacos de muitos de seus colegas economistas.

Na esteira da revolução marginalista, a maioria dos economistas concordou que o valor (o lado da demanda do mercado) é subjetivo. Contudo, muitos defendiam que a produção (o lado da oferta do mercado) é determinada por condições objetivas. Nesse espírito, o economista Alfred Marshall comparava o mercado (oferta e demanda) às duas lâminas de uma tesoura. Assim como ambas cortam um pedaço de papel, também o valor subjetivo e os custos objetivos determinam o preço de mercado. Essa visão do mercado, todavia, negligencia a natureza subjetiva dos custos, que pode ser entendida a seguir.

Ao se engajar na escolha de cursos alternativos de ação, uma pessoa deve necessariamente escolher uma rota de ação em detrimento de outra. Se Amanda escolhe comer, não pode buscar sua próxima alternativa preferida, que é tirar um cochilo. Os *trade-offs* associados com a escolha entre alternativas leva a um dos principais conceitos da economia — o custo de oportunidade. O termo "custo de oportunidade" refere-se ao valor da alternativa mais valiosa postergada associada à execução de uma ação específica. No momento da escolha, o decisor individual pesa os benefícios esperados de um curso de ação em relação aos benefícios esperados de outros cursos de ação (os benefícios esperados da segunda melhor alternativa são os mesmos que o custo postergado). Os benefícios esperados são filtrados pela mente humana, ou seja, são subjetivos para o decisor individual. Além disso, como os benefícios esperados de alternativas postergadas nunca são experimentados, o custo de oportunidade subjetivo está puramente na mente do agente e é desconhecido do observador externo. É, de fato, verdade, como Marshall notou, que ambas as lâminas de uma tesoura cortam o pedaço de papel. Em questões econômicas que envolvem seres humanos, as lâminas da oferta e da demanda são determinadas pelas valorações subjetivas das pessoas.

Para Menger e aqueles que seguiram seus passos, o subjetivismo era central para o estudo dos fenômenos econômicos. Menger e seus correvolucionários concordavam que as escolhas individuais de todos os agentes econômicos são feitas na margem. Mas ele, ao contrário de Jevons e Walras, enfatizou a natureza subjetiva de todo o processo decisório. Atos de escolha — de classificar quais fins buscar, até escolher os meios para atingi-los — são baseados nas avaliações subjetivas dos indivíduos. Além disso, essa série de escolhas é aberta, o que significa que, ao longo do tempo, as pessoas estão descobrindo quais fins buscar e as formas mais efetivas de alcançá-los. Como resultado, os economistas austríacos enfatizam a importância de se entender o processo de descoberta e aprendizado que ocorre ao longo do tempo.

Outro princípio basilar da Escola Austríaca é a adoção da estrutura de meios e fins. Isso implica tomar fins como dados, verificando se os meios propostos são adequados para alcançar os fins desejados. Essa abordagem tem uma longa história e diz respeito à natureza da economia como ciência. No século xix, economistas associados à Escola Historicista Alemã adotaram a conexão entre análise econômica e defesa ativa de resultados políticos específicos. A partir da perspectiva dos historicistas alemães, a economia tinha valor justamente porque permitia a defesa dos resultados desejados. Max Weber, um dos fundadores da Sociologia, ofereceu uma proposição alternativa.

Weber argumentou que, para que a ciência social seja científica, o homem prático tem que traçar uma linha clara entre a análise e a defesa de posições particulares ou a promoção de juízos pessoais de valor. A doutrina weberiana do *Wertfreiheit* — "liberdade em relação a valores" — foi adotada por Mises como princípio fundamental do que significa fazer ciência econômica. Essa doutrina faz sentido à luz de princípios metodológicos anteriores. Os economistas austríacos adotam o individualismo metodológico e a ação propositada, enfatizando a lógica da escolha a respeito do uso de meios escassos para alcançar fins desejados. A partir da perspectiva da economia como ciência, o conteúdo ético dos fins é irrelevante, assim como as posições políticas ou éticas pessoais do analista econômico.

Por exemplo, pode-se atribuir ao economista a tarefa de estudar se a política de controle de aluguéis é um meio efetivo para aumentar a oferta de moradia para os mais pobres na sociedade. O analista pode usar as ferramentas da economia para exibir os efeitos perversos dessa política: escassez de moradia, redução na oferta futura de moradia comparada a uma situação sem controle de aluguéis, queda na qualidade das moradias existentes, redução no custo de senhorios engajados em discriminação não monetária. Nesse caso, o economista utilizou as ferramentas científicas da economia para mostrar que os resultados da política serão indesejáveis em termos dos fins desejados pelos legisladores. Essa é uma política ruim, não porque o fim de ajudar os mais pobres seja ruim ou porque o economista tem uma aversão pessoal por políticas de controle de aluguéis, mas porque a política de controle de aluguéis é um meio ineficiente para se alcançar o fim declarado de ajudar os mais pobres.

A adoção da doutrina do *Wertfreiheit* permite o funcionamento de uma ciência distinta da economia, separada da defesa política ou do viés pessoal. Embora a ciência da economia seja livre de valores, ela pode ser utilizada para orientar políticas. Por exemplo, como discutiremos em um capítulo posterior, o processo de comércio e concorrência sob um regime de direitos privados de propriedade é o que permite às pessoas se dedicarem à descoberta, que é a base das melhorias no bem-estar humano. Esse *insight* pode ser usado para influenciar políticas relacionadas ao desenvolvimento econômico.

Economistas podem comunicar seus resultados científicos ao público e aos legisladores, assim como os cientistas médicos podem comunicar as suas pesquisas sobre as causas e curas conhecidas do câncer. De todo modo, os respectivos cientistas não estão interessados em defender ou fazer juízos pessoais de valor, mas sim em comunicar as descobertas de suas explorações científicas para as pessoas que eles acreditam que acharão essa informação útil. Nesse sentido, a ciência econômica desempenha um papel importante no bem-estar humano ao oferecer *insights* cruciais para o funcionamento do sistema econômico e eficácia de diversas políticas para alcançar os fins desejados pelos cidadãos. Apreciar as sutilezas do princípio do *Wertfreiheit* é fundamental para evitar o erro comum de confundir a análise científica das políticas, e a comunicação de seus achados, com a defesa enviesada baseada nos valores pessoais do analista.

Cálculo econômico

A principal objeção contra a viabilidade do socialismo refere-se à impossibilidade do cálculo econômico. Foi demonstrado de forma irrefutável que uma nação socialista não estaria em posição de aplicar o cálculo econômico. Uma gestão socialista da produção simplesmente não saberia se o que planeja e executa é o meio mais apropriado para obter os fins desejados. Operará às escuras, para sempre. Desperdiçará os escassos fatores materiais de produção, assim como o trabalho humano. O resultado inevitável serão caos e pobreza para todos.

— Ludwig von Mises (1922/1981),
Socialism, p. 535.

MUITOS ANOS ATRÁS, O INVENTOR THOMAS THWAITES realizou o Toaster Project, em que tentou construir uma simples torradeira elétrica do zero. Para começar, comprou uma torradeira barata em uma loja local. Então, ele a desmontou para entender quais componentes teria que construir sozinho. Thwaites identificou mais de 400 componentes e percebeu que para construir uma torradeira precisaria de cobre, ferro, níquel, mica e plástico, entre outros materiais. Após muitas viagens e esforço, obteve os recursos necessários para construí-la. A seguir, transformou esses materiais nos vários componentes do aparelho e criou um molde plástico para ele. Após plugar a torradeira finalizada (e com um *design* horrível!) em uma tomada, ela queimou em poucos segundos. Esse projeto ilustra a maravilhosa coordenação que ocorre na produção dos bens que a maioria de nós considera banais. Como isso funciona? Exploraremos a resposta a essa pergunta nos próximos capítulos. Aqui, trataremos do conceito de cálculo econômico.

Para entender o cálculo econômico, precisamos começar pelo básico. Vivemos em um mundo de escassez, porque os desejos humanos são maiores que os recursos disponíveis para satisfazê-los. Temos um número finito de horas diárias e recursos limitados para atingir nossos objetivos. Um grande problema econômico está relacionado às decisões a respeito da alocação de recursos escassos entre usos concorrentes. Investir tempo e recursos para construir uma torradeira significa que esses mesmos recursos não podem ser utilizados para outros propósitos. Isso ilustra como escassez implica escolha e, por sua vez, *trade-offs*, já que a decisão de utilizar recursos escassos de determinada forma impede que estes sejam utilizados de outra.

Esses *insights* básicos, porém cruciais, geram diversas questões importantes na decisão sobre o uso de recursos escassos para produzir bens e serviços. Determinado bem ou serviço deveria ser fornecido? Se a resposta for "sim", em que quantidades e qualidade? Por fim, qual é o meio mais barato para produzir um bem ou serviço, de modo que recursos escassos não sejam desperdiçados? Essas questões, que formam o "problema econômico", estavam no centro de um importante debate que ocorreu nas ciências econômicas nas décadas de 1920 e 1930.

Durante o que ficou conhecido como o "debate sobre o cálculo socialista", Ludwig von Mises e F. A. Hayek participaram de um debate intelectual sobre a viabilidade do socialismo como forma de organização econômica. Pensadores socialistas argumentavam que a produção material em grande escala poderia ser alcançada por meio do planejamento econômico central, evitando os diversos males do capitalismo — falhas de mercado, crises econômicas e desemprego. Para a primeira onda de pensadores socialistas, o planejamento central implicava a abolição do dinheiro e dos direitos de propriedade sobre os meios de produção. Em vez de mercados, o planejamento econômico abrangente de uma agência governamental determinaria o que deveria ser fabricado, como seria produzido e como seria distribuído.

Mises contestou essa visão ao argumentar que o cálculo econômico racional do socialismo era impossível em uma economia industrial avançada. Explico. O cálculo econômico é a habilidade que os agentes econômicos têm de determinar o valor agregado esperado do uso potencial de um recurso escasso. Ao comparar o valor agregado esperado entre alternativas potenciais, os tomadores de decisão são capazes de avaliar quais atividades terão o valor mais elevado para os consumidores. Julgando o valor esperado entre alternativas exige preços determinados pelo mercado, que captam a escassez relativa de recursos enquanto permitem uma unidade comum de comparação. Mises argumentava que, se os socialistas abolissem os direitos de propriedade sobre os meios de produção, não haveria cálculo econômico, pois não haveria preços monetários. Seu argumento prosseguia em três passos.

Primeiro, sem a propriedade privada dos meios de produção não existiria um mercado para eles. Não existe troca voluntária sem a propriedade de recursos que permita a troca desses recursos entre seus proprietários. Segundo, sem esse mercado, não haveria preços monetários para os meios de produção. Preços monetários, que surgem da troca de mercado, são razões de troca que captam o custo de oportunidade de um recurso. Se um copo de café vale $ 1 e um refrigerante $ 2, isso significa que o preço de um refrigerante é igual ao de dois copos de café. Ao propiciar uma unidade comum de comparação entre bens e serviços, os preços monetários permitem que as pessoas na economia julguem o custo de oportunidade, ou *trade-off*, de participar em um curso de ação em vez de outro. Por fim, sem preços monetários para os meios de produção, o cálculo econômico racional não é possível, pois os tomadores de decisão não conseguem julgar o valor agregado esperado de outros cursos de ação.

Os preços monetários, segundo Mises, emergem como resultado não intencional da interação voluntária de milhões de indivíduos, buscando seus planos distintos e frequentemente conflitantes em uma configuração de mercado caracterizada pela propriedade privada, que permite a troca. Os preços que emergem no mercado transmitem conhecimento geral sobre a escassez relativa de bens particulares, servindo assim como "apoio à mente humana" para calcular como os recursos deveriam ser utilizados. Na ausência de um mercado para os meios de produção, perguntou Mises, como o Comitê de Planejamento Central sabia quais projetos eram economicamente viáveis e quais não eram?

Para dar um exemplo específico, como os planejadores saberiam se deveriam usar ou não platina para construir trilhos ferroviários? Afinal, a platina é tecnologicamente adequada como insumo para construir ferrovias. Em um sistema de mercado, os tomadores de decisão dessa economia, responsáveis por construir ferrovias, avaliariam o preço da platina, que capta sua escassez relativa, tentando medir o lucro esperado frente ao custo dos insumos (sendo um deles a platina). Dado o alto preço da platina em relação a alternativas como o aço, concluiriam que não faz sentido construir trilhos de platina. Dessa forma, o preço de mercado da platina e outros insumos informam os tomadores de decisão sobre o melhor uso de recursos escassos frente a uma ampla gama de alternativas tecnologicamente possíveis. Abolir preços — por meio da abolição conjunta dos direitos de propriedade e do dinheiro — significaria que os planejadores seriam incapazes de determinar se a platina ou outro bem deveria ser usado para construir trilhos ferroviários. O resultado seria o caos econômico, e não a ordem racional prometida pelos defensores do sistema socialista.

Os socialistas levaram a crítica de Mises a sério e revisaram suas premissas. O resultado foi o modelo de "socialismo de mercado", proposto por Oskar Lange e Abba Lerner, que mantinha as características desejáveis do sistema socialista enquanto respondia as críticas levantadas por Mises. Esse modelo incluía a utilização do dinheiro e permitia o livre mercado em bens de consumo finais e nos mercados laborais. Ainda assim, os meios de produção seriam nacionalizados. O Comitê de Planejamento Central seria responsável por oferecer preços provisórios ("virtuais") para os insumos consumidos pelas firmas. Tomando-os por base, estas seriam instruídas a escolher a combinação de insumos que minimizasse o custo para um nível de produção capaz de maximizar os lucros. Mas como as firmas descobririam esse nível ideal de produção?

O Comitê de Planejamento Central instruiria as firmas a seguirem os preceitos do modelo perfeitamente competitivo, igualando seus preços aos custos marginais de produção e produzindo em níveis que minimizariam o custo médio. Teoricamente, seguir essa regra levaria a resultados eficientes, assim como no modelo de concorrência perfeita. Aqui, eficiência refere-se tanto à eficiência alocativa — em que todos os recursos são alocados em seus usos mais valorados na sociedade — quanto à eficiência produtiva — em que bens e serviços são produzidos com os custos mais baixos possíveis.

Os socialistas de mercado estavam cientes de que o Comitê de Planejamento Central poderia escolher os preços provisórios incorretos — ou seja, preços que não refletiam a verdadeira escassez subjacente. No entanto, argumentavam que isso não seria um problema, já que ajustes poderiam ser feitos por tentativa e erro, tendo em vista os estoques registrados pelo Comitê. Da mesma forma que os mercados costumam reduzir excedentes ao reduzir os preços, o CPC também poderia ajustar preços em face de excessos de estoque. Da mesma forma que os mercados respondem à escassez com aumento nos preços, os planejadores também imporiam preços maiores frente a uma queda nos estoques. Segundo os socialistas de mercado, esse processo repetiria e talvez até aumentaria a eficiência dos mercados, enquanto manteria os objetivos econômicos, sociais e políticos do socialismo.

É aqui que F. A. Hayek entra no debate. Segundo ele, os socialistas de mercado estavam preocupados com uma noção estática de equilíbrio, na qual todo o conhecimento econômico relevante é dado, conhecido e congelado. Apenas em uma condição de equilíbrio final, em que os preços são conhecidos e fixos, as firmas poderiam estabelecer um preço igual ao custo marginal e minimizar os custos médios conforme imposto pelo modelo socialista de mercado. Argumentava que, em vez de pressupor que essa informação existia, o foco deveria estar no processo através do qual esse conhecimento surge. Esse processo implica experimentação e contestação em um sistema aberto. Um equilíbrio fixo e estático é impossível, por duas razões. A primeira é o erro humano, o qual gera oportunidades de realocação de recursos através da descoberta de tais erros. A segunda é que as condições de mercado estão constantemente evoluindo, o que torna irrelevantes as condições anteriores de equilíbrio. Mesmo obtendo algum tipo de equilíbrio estático, ele seria tão volátil quanto às condições. É apenas ao permitir que as pessoas participem descentralizadamente de um processo contínuo de descoberta que emerge o conhecimento necessário para a tomada de decisões econômicas racionais. Essas várias descobertas levam à emergência do conhecimento a respeito não apenas de quais bens e serviços são desejados pelos consumidores, mas também das técnicas mais efetivas para produzi-los com o menor custo possível.

Segundo Hayek, os problemas inerentes ao socialismo de mercado não se resolveriam colocando pessoas mais inteligentes no comando ou desenvolvendo novas técnicas computacionais para obter mais informações. Em vez disso, a questão era que o conhecimento econômico necessário para a coordenação era disperso, tácito e emergente. Isso significa que o conhecimento utilizado pelas pessoas para coordenar seus assuntos econômicos não pode existir fora do contexto no qual elas estão inseridas. O modelo de socialismo de mercado não deixava espaço para a própria atividade que gerava o conhecimento necessário para os planejadores cumprirem seus fins declarados de aumento da produção material. Portanto, concluiu Hayek, o modelo falhava em lidar com o problema dinâmico que o planejamento teria que enfrentar na prática, tão logo esse sistema socialista fosse implementado.

Conforme o debate sobre o cálculo socialista entrava na década de 1930, a maioria dos economistas pensava que Mises e Hayek tinham perdido o debate para Lange e Lerner a respeito da viabilidade do socialismo. No geral, os economistas acreditavam que o modelo revisado de socialismo de mercado poderia ter desempenho superior à alternativa capitalista. Mises e Hayek tinham uma visão distinta do resultado do debate. Acreditavam que, ao reintroduzir o dinheiro e os mercados em seu modelo revisado, os socialistas de mercado tinham reconhecido o ponto fundamental do debate sobre a centralidade do sistema de preços para a coordenação econômica. Além disso, acreditavam que os socialistas de mercado tinham fundamentalmente confundido estados finais de equilíbrio com o processo de troca e concorrência que produz uma tendência rumo à coordenação.

Com o tempo, a avaliação profissional da crítica de Mises e Hayek ao socialismo mudou. Esse foi o resultado de estudos acadêmicos adicionais que esclareceram os problemas teóricos associados ao debate sobre o cálculo econômico socialista (Lavoie, *Rivalry and Central Planning*), bem como as dificuldades práticas que as economias socialistas do mundo real enfrentaram na década de 1980. Os problemas práticos das economias socialistas acarretaram uma reconsideração das questões primeiramente levantadas por Mises e Hayek acerca das dificuldades fundamentais do planejamento econômico e defenderam a relevância de seus argumentos contra as tentativas de usar o planejamento central para direcionar a atividade econômica.

Capítulo 4

Capital e a estrutura de produção

> Heterogeneidade do capital significa heterogeneidade de uso; heterogeneidade de uso implica especificidade múltipla; especificidade múltipla implica complementariedade; complementariedade implica combinações de capital; combinações de capital formam os elementos da estrutura de capital. Vivemos em um mundo de mudança inesperada; por isso que as combinações de capital – e, com elas, a estrutura de capital – estarão sempre mudando, sendo dissolvidas e formadas novamente. Nessa atividade, encontramos a verdadeira função do empreendedor.
>
> — Ludwig Lachmann (1956), *Capital and Its Structure*, pp. 12–13.

PRODUZIR A TORRADEIRA MENCIONADA NO INÍCIO DO CAPÍ-
tulo anterior envolvia a combinação de mais de 400 componentes. Como o Toaster Project ilustrou, isso implicaria grande coordenação temporal e geográfica. No capítulo anterior, discutimos o papel que o cálculo econômico desempenha na coordenação da atividade econômica das pessoas. Esse capítulo baseia-se nesse alicerce para explorar a natureza única dos insumos, ou bens de capital, necessários para produzir bens de consumo finais. A começar pela obra de Carl Menger, em 1871, os economistas austríacos enfatizaram as características únicas do capital, se referindo a bens que são valorados por causa de sua contribuição na produção dos bens de consumo subsequentes.

Em *Princípios*, Menger apresentou a produção como um processo sequencial que envolvia bens de capital (que ele chamou de "bens de ordem superior"), os quais são combinados para produzir bens de consumo finais (que chamamos de "bens de primeira ordem"). Diferentes bens de capital encaixam-se na estrutura de produção, dependendo de onde se enquadram no processo sequencial de produção de bens finais.

Os bens de capital de ordem inferior (aqueles na fase anterior à produção do bem de consumo final) seriam bens de segunda ordem; aqueles imediatamente anteriores a esses seriam bens de terceira ordem, e assim por diante, ao longo de cada etapa produtiva. Seguindo nosso exemplo da torradeira, a mineração inicial do cobre, ferro e níquel seria o bem de capital de ordem superior. A transformação deles nos vários componentes no funcionamento interno da torradeira seriam os bens de ordem inferior. O processo de montagem dos elementos internos da torradeira, que é o estágio final da produção, constituiria o bem de capital de segunda ordem. A torradeira montada seria o bem de primeira ordem ou de consumo.

A taxonomia mengeriana dos bens de capital captava o papel essencial do elemento "tempo" na produção. O processo de produção de bens de consumo ocorre ao longo do tempo, conforme diversos bens de capital são combinados para a produção de bens finais. Esse demorado processo é necessário para o progresso econômico. Fazendo uso de sua criatividade, as pessoas percebem que podem renunciar ao consumo direto de bens de ordem superior e, em vez disso, utilizá-los como insumos para um bem que só será produzido em algum momento futuro.

Considere um exemplo básico para ilustrar esse ponto. É possível que as pessoas pesquem usando as mãos ou uma vara como arpão. Esses métodos certamente renderão alguns peixes que servem para o consumo. Por outro lado, as pessoas podem postergar a pesca hoje e investir seu tempo e recursos na construção de uma rede, que trará ainda mais peixes no futuro. Esse processo de produção leva tempo e requer que as pessoas renunciem ao consumo de recursos no presente (pescar hoje com a mão ou com uma vara) por uma recompensa futura. Essa mesma lógica é aplicável à produção de quase todos os bens e serviços em uma economia avançada que requer tempo de produção e recursos renunciados.

Além do papel fundamental do tempo, a profunda apreciação de Menger pelo valor subjetivo também fica evidente em seu tratamento do capital. Em sua perspectiva, o valor dos bens de capital é derivado do valor esperado de bens de ordem inferior que eles ajudam a produzir. Isto é, o valor dos bens de capital não é inerente aos bens em si, mas, em vez disso, é derivado dos bens de ordem inferior na estrutura de produção.

Matérias-primas não têm valor objetivo intrínseco, mas, em vez disso, seu valor deriva de sua contribuição para a produção de outros bens de capital com valor adicionado na estrutura de produção. Da mesma forma, esses bens de ordem inferior derivam o próprio valor de sua contribuição para a produção do bem de consumo final. Em última instância, o que motiva esse processo é o valor esperado dos bens de consumo finais (bens de primeira ordem), como determinado pelos clientes. No mercado, essas valorações subjetivas são captadas nos preços de mercado dos bens de capital, conforme o discutido no capítulo anterior sobre o cálculo econômico.

Adotando a abordagem de Menger como base, Ludwig Lachmann aprofundou o entendimento austríaco sobre o capital. Enfatizou que o capital era caracterizado pela heterogeneidade, especificidade múltipla e complementariedade. Heterogeneidade implica que os bens de capital são diferentes. Isso pode parecer óbvio, mas a teoria econômica padrão o trata como uma gosma homogênea que pode ser usada de forma intercambiável e que não exige qualquer tipo de planejamento ou coordenação cuidadosa ao longo do tempo. Se os bens de capital fossem realmente homogêneos, poderiam ser usados aleatoriamente para produzir quaisquer produtos finais desejados pelos consumidores. Por essa perspectiva, o capital é análogo a uma bola de massa de modelar, que pode ser transformada em qualquer produto desejado pelo *designer*. E, se erros são cometidos, os insumos de capital podem ser realocados rapidamente e com custo mínimo, remodelando a bola de massa.

Por outro lado, estudiosos da vertente austríaca enfatizam que o capital não é homogêneo, nem pode ser usado aleatoriamente. Um par de alicates não é a mesma coisa que uma caminhonete. Cada bem de capital pode ser usado para cumprir diferentes propósitos. Um par de alicates não poderia guinchar um caminhão, assim como uma caminhonete não pode ser usada para cortar um arame. Com base em suas características físicas específicas, é preciso pensar no capital mais como peças de LEGO em vez de uma bola homogênea de massa de modelar. Para alcançar o plano de produção desejado para construir um castelo de LEGO, peças específicas e únicas devem ser combinadas em uma determinada sequência temporal. Se algum erro for cometido, haverá custos, pois as peças erradas precisam ser cuidadosamente removidas e outras precisam ser inseridas para corrigi-lo, para que o plano de produção seja alcançado. Essa é a imagem que representa uma economia avançada e complexa.

Apreciar a heterogeneidade do capital também é importante porque os planos de produção variam de um indivíduo para o outro, assim como um bem de capital e onde ele se encaixa em um plano de produção variam de pessoa para pessoa. Uma pessoa pode comer um ovo, tornando-o um bem de consumo de primeira ordem. Outra poderia usá-lo como insumo para assar um bolo, tornando-o um bem de capital. Um celular pode ser usado por uma pessoa para jogar um jogo — um bem de consumo — e, por outra, para fazer negócios — um bem de capital. A ideia de que o mesmo bem pode ser usado por pessoas diferentes para propósitos diferentes refere-se à heterogeneidade no uso e reforça a ideia de que algo só é um bem de capital se as pessoas o virem como parte de seus planos e objetivos mais amplos. Isso sugere que não existe um estoque de capital fixo e predefinido, já que algo ser capital depende de como os indivíduos percebem subjetivamente o seu uso.

Além de ser heterogêneo, cada bem de capital específico pode ser empregado em múltiplos usos potenciais. Uma caminhonete pode ser usada não só para guinchar um trailer, mas também para transportar carga ou limpar uma rua coberta de neve. Da mesma forma, um par de alicates pode ser usado não apenas para trabalhos elétricos, mas também em serviços de carpintaria ou joalheria. Isso ilustra a natureza multifacetada do capital, o que significa que, embora limitados, o capital heterogêneo tem muitos usos. Os agentes econômicos devem escolher o melhor uso desses recursos escassos entre uma gama de alternativas concorrentes.

A heterogeneidade e a especificidade múltipla dos bens de capital implicam que eles são complementares entre si e devem ser combinados para atingir um plano de produção. Empreendedores precisam descobrir essas combinações e determinar como elas se encaixam no processo mais amplo de produção dos bens de consumo desejados. Se um invólucro plástico fosse colocado na base da torradeira antes da construção e instalação dos componentes de aquecimento, o produto final não seria uma torradeira operacional. A produção do bem de consumo final (uma torradeira que funciona ao aquecer o pão) requer que os bens de capital sejam combinados de uma forma específica, complementar e sequencial. Essas combinações formam a estrutura de capital de uma economia, que é caracterizada por um conjunto de relações complexas com um padrão coerente de ordem. A estrutura de capital não é fixa: em vez disso, está em constante estado de mudança como resultado de três fatores.

O primeiro é o erro humano, pelo qual as decisões feitas sobre o uso dos bens de capital revelam-se equivocadas. Um empreendedor, por exemplo, pode decidir alocar bens de capital para produzir PCs, enquanto os consumidores, na verdade, desejam *laptops*. Alguns elementos da estrutura de capital utilizados na produção de PCs podem ser os mesmos usados para produzir *laptops*, mas outros diferirão, e substituições de capital deverão ser feitas para satisfazer os verdadeiros desejos dos consumidores.

Segundo, inovações em tecnologias de produção — maquinário, técnicas e formas organizacionais — podem tornar partes da antiga estrutura de capital totalmente ineficientes. Avanços tornam as velhas formas de produzir bens e serviços menos eficientes em comparação com as novas alternativas. Quando isso ocorre, os empreendedores precisarão ajustar como o capital é alocado dentro da estrutura de produção mais ampla. Por fim, os desejos dos consumidores podem mudar, de modo que o previamente produzido não seja mais valorado frente às alternativas. No passado, os consumidores podem ter desejado PCs, mas hoje desejam *tablets*. Nesse caso, os fabricantes precisarão revisar seus planos de produção e a alocação de seu capital para satisfazerem os novos desejos dos consumidores.

Não há problema algum com a mudança contínua na estrutura de capital. Para melhorar o bem-estar econômico, é preciso mudar a estrutura de capital em resposta às mudanças nas condições econômicas, no maior conhecimento dessas condições e nas melhorias nas tecnologias e formas organizacionais. O resultado disso é a necessidade de substituição e reorganização constante do capital à luz das circunstâncias mutáveis. O problema dos métodos neoclássicos tradicionais de estudo do processo de produção capitalista é tratar o capital como uma gosma homogênea ou confiar em uma imagem momentânea da estrutura de capital em determinado período de tempo. Em contraste ao método da gosma ou período de análise, os economistas austríacos enfatizam que precisamos focar no processo pelo qual combinações de capital heterogêneo e específico são organizadas e reorganizadas no contexto mais amplo da estrutura de capital.

O conceito de estrutura de capital contrasta com a ideia de um "estoque de capital", que se refere a uma medida agregada de todo o capital em um determinado período de tempo. Obter uma medida única de estoque de capital requer que o capital seja somado através de um denominador comum como o dinheiro. No entanto, Ludwig Lachmann argumentava que essa abordagem não fazia sentido, pois assume que os preços estão em equilíbrio. Dadas as expectativas e valorações subjetivas, o fato de alguém valorar um bem como bem de capital não é objetivamente observável. Além disso, as expectativas humanas frequentemente serão incorretas devido aos três fatores discutidos acima. A noção de um estoque de capital só faz sentido em um mundo em que o equilíbrio foi atingido, o que significa que todos os planos e expectativas estão perfeitamente alinhados. Contudo, em um mundo "desequilibrado", caracterizado por erros e mudanças constantes, a ideia de um estoque de capital é inútil. É por isso que Lachmann, bem como outros economistas austríacos, focam na estrutura de capital. Em desequilíbrio, o que importa é como bens de capital heterogêneos e específicos encaixam-se nos planos de produção, e como a substituição de capital ocorre à luz das condições de erro e mudança.

Como a estrutura de capital emerge e evolui, dados os diversos bens de capital que podem ser produzidos, as numerosas combinações de capital que podem ser organizadas e a realidade de que as pessoas têm planos e expectativas distintos e, frequentemente, conflituosos? A teoria do processo de mercado oferece uma resposta para essa pergunta.

O processo de mercado

> O processo de mercado [...] é mantido em movimento pela atividade empresarial. Ela é executada para obter lucros e, obviamente, evitar perdas [...] existem forças de mercado que operam com base em um sistema de preço que tende a remover todas as inconsistências internas do sistema [...] o processo de mercado tende a atingir o encaixe das diversas decisões sendo tomadas. O processo começa com a ausência inicial dessa consistência entre as decisões. O próprio processo é a agitação pela qual as decisões tornam-se consistentes. Essa agitação é a reorganização contínua dos recursos de um uso para outro, e o processo não cessa enquanto não for atingida a consistência completa. O ponto-chave é que a má alocação de um recurso implica a existência de uma oportunidade não aproveitada de lucro [...] perceber uma oportunidade de lucro equivale a dar um passo para corrigir essa má alocação.
>
> — Israel Kirzner (1963),
> *Market Theory and the Price System*, pp. 326–327.

O QUE É UM MERCADO? EXISTE UMA TENDÊNCIA DAS PES-
soas considerarem os mercados como entidades com poder de escolha, que determinam a alocação e a distribuição de recursos. O "mercado", ouvimos com frequência, é responsável pelo declínio de certas indústrias, pela perda de empregos, pela desigualdade na distribuição de renda, e assim por diante. Esse enquadramento nega a realidade de que os mercados refletem as escolhas dos indivíduos que participam de relações de troca entre si. O mercado não é um lugar ou uma coisa, nem tem propósito ou capacidade de fazer escolhas. Em vez disso, os resultados de mercado refletem os propósitos, planos e escolhas de milhares de pessoas (demandantes e ofertantes) que escolhem voluntariamente interagir entre si. Dito isso, uma maneira mais precisa de refletir sobre os mercados é como um conjunto de interações sobrepostas, continuamente mutáveis e voluntárias entre pessoas, cada uma das quais buscando atingir seus objetos específicos. Essas interações contribuem para a emergência de um padrão de alocação e distribuição de recursos.

Mercados são valiosos porque, para cumprirmos nossos diversos objetivos, é preciso haver coordenação com outras pessoas que também buscam os próprios objetivos. Afinal, uma característica determinante de uma sociedade rica é a de que as pessoas produzem diretamente muito pouco do que consomem. Em vez disso, a maioria das pessoas depende que outros produzam os bens e serviços que elas valoram, os quais obtêm através do comércio. Pense em todos os bens e serviços que você consome diariamente. Quantos deles você produz diretamente, sem a ajuda de outros seres humanos? Para a maioria, a resposta será "nenhum". Apreciar o quanto dependemos dos outros para ter acesso às coisas que valoramos levanta uma questão crucial: como coordenar com os outros de uma maneira organizada para atingir nossos objetivos em um mundo amplamente complexo?

Os capítulos 3 e 4 focaram no cálculo econômico e no papel do capital na produção, lançando as bases para responder essa questão. No presente capítulo, construiremos sobre esse alicerce, discutindo o processo pelo qual o conhecimento e as expectativas dos indivíduos levam à coordenação e à cooperação, já que são condições que possibilitam que as pessoas alcancem muitos de seus fins. Isso implica entender como as pessoas participam da descoberta e aprendizado mútuos. Os estudiosos da tradição austríaca argumentam que os economistas deveriam ir além do foco exclusivo nos estados de equilíbrio estático, concentrando-se na explicação dos princípios que balizam o funcionamento do processo de mercado. Estes são os princípios-chave:

1. os mercados dependem da existência de um conjunto específico de instituições que permitem o surgimento dos preços, sem os quais o cálculo econômico seria impossível;

2. o cálculo econômico orienta a coordenação do capital ao longo do tempo na estrutura de capital mais ampla para produzir bens de consumo com valor agregado;

3. os mercados são movidos pela descoberta empresarial frente a um contexto de ignorância pura;

4. esse processo de descoberta empresarial ocorre em um sistema aberto e contínuo.

INVESTIGANDO OS PRINCÍPIOS

Para que as trocas comerciais ocorram, algumas instituições precisam existir. Instituições são as "regras do jogo" formais e informais que governam as interações humanas. Para que os mercados funcionem, a instituição mais importante é um regime de propriedade que delimita como os recursos são controlados e usados. Esses direitos de propriedade podem ser informais — normas compartilhadas sobre quem é dono do quê — ou formais — títulos legais codificados para cotas de propriedade. Direitos de propriedade importam porque, para interagir com as outras, uma pessoa deve ter comando e controle sobre sua pessoa e sobre os itens que deseja usar e trocar. Potenciais parceiros de negócio devem ter comando similar sobre pessoas e bens que usam ou oferecem na troca. Se esses direitos fundamentais de propriedade não existirem, nenhuma interação ou troca é possível. A existência dos direitos de propriedade produz diversos e amplos benefícios que permitem o funcionamento dos mercados.

Em primeiro lugar, os direitos de propriedade permitem que os agentes econômicos realizem o cálculo econômico, que foi discutido no capítulo 3. Lembre-se de que o cálculo econômico se refere à habilidade dos agentes de determinar o valor esperado dos usos alternativos de recursos escassos. Direitos de propriedade sobre os meios de produção permitem a troca e a contestação entre os participantes do mercado. Esse processo de troca competitiva leva à emergência dos preços de mercado, que captam informação-chave sobre a escassez relativa de recursos. Os preços determinados pelo mercado são fundamentais porque empoderam as pessoas para avaliarem decisões passadas, enquanto as ajudam a planejar o futuro. Os preços fazem isso ao captar o conhecimento específico de tempo e espaço que só é conhecido pelos agentes locais. Para entender a importância disso, considere os seguintes exemplos.

Suponha que um desastre natural prejudique a colheita de laranjas. O resultado será que elas se tornarão mais escassas, em relação à situação anterior ao desastre, o que se refletirá no preço maior das laranjas. O preço mais elevado comunica às pessoas em todo o sistema econômico que as laranjas se tornaram relativamente mais escassas, incentivando-as a consumir menos desse produto. Por outro lado, considere a descoberta de uma nova mina de matéria-prima, digamos, minério de ferro. Essa descoberta tornará o minério de ferro mais abundante, o que levaria a uma queda em seu preço. Essa queda comunica às pessoas que ele é mais abundante em relação à situação anterior à descoberta de uma nova mina. Em resposta, as pessoas ajustarão seu comportamento, consumindo mais minério de ferro que antes.

A efetividade dos preços como meio de comunicação das condições econômicas locais torna-se evidente quando constatamos que as pessoas em toda a economia não precisam conhecer a causa por trás da mudança de preço — o desastre natural ou a descoberta da nova mina. Não obstante, ajustarão seu comportamento para consumir menos, no caso do desastre natural, ou mais, no caso da descoberta da mina, em resposta à mudança nas condições de escassez. Dessa forma, os preços de mercado permitem que os agentes econômicos participem do cálculo econômico para coordenar a estrutura do capital discutida no capítulo anterior.

Preços servem de guia para as pessoas determinarem como o capital escasso e heterogêneo deveria ser combinado com outro capital na estrutura mais ampla. Esse alinhamento particular do capital para produzir diversos bens de consumo é governado pelos sinais dos preços. Esses preços oferecem *feedback* contínuo, conforme mudam as condições de escassez, para revisar os planos de produção por meio da substituição e do reagrupamento do capital. Retornando ao exemplo anterior, o preço mais baixo do minério de ferro, resultante da descoberta da nova mina, tornará os planos de produção, anteriormente não lucrativos pelo maior preço do minério, mais lucrativos. Da mesma forma, o aumento no preço das laranjas como resultado do desastre natural tornará alguns planos de produção — por exemplo, a produção do suco de laranja — menos lucrativos, se comparados ao cenário anterior ao desastre. Em ambos os casos, os empresários ajustarão seus planos e a estrutura de capital, baseados na informação transmitida pelos preços.

Além de permitir o surgimento dos preços de mercado, os direitos de propriedade geram benefícios adicionais. Como os proprietários têm direito aos fluxos de caixa — mantêm quaisquer receitas oriundas do uso ou venda de sua propriedade —, se beneficiam ao assistir e administrar as suas posses. Os proprietários dos recursos tenderão a servir como guardiões dos recursos escassos que são valorados por outras pessoas, por causa do potencial de lucro associado a essa ação. Da mesma forma, eles têm incentivos para usar seus recursos de formas que beneficiem os outros, já que é através da satisfação dos desejos dos outros que os proprietários dos recursos obtêm lucros. Por fim, eles têm incentivos para minimizar os danos que sua propriedade gera aos outros. Direitos de propriedade estabelecem uma conexão direta entre uso e responsabilidade, pois podem ser responsabilizados quando a sua propriedade gera danos aos outros. Se o seu carro danifica a minha propriedade, como proprietário do veículo posso acioná-lo na justiça por danos. O resultado é que direitos de propriedade claramente definidos reduzem a chance de que a propriedade de uma pessoa gere dano à propriedade de outra, já que proprietários conhecidos podem ser responsabilizados por danos. Trabalhando em conjunto, os benefícios associados aos direitos de propriedade fornecem tanto o conhecimento necessário como os incentivos para cooperação e coordenação.

Sob um regime de direitos privados de propriedade, o processo de mercado consiste na descoberta empresarial em face de ignorância pura. O empreendedorismo implica estar alerta a oportunidades potenciais de lucro. No entanto, essas oportunidades não são predeterminadas e conhecidas. Para reforçar esse ponto, Kirzner enfatiza a diferença entre ignorância e ignorância pura. Ignorância diz respeito a uma conhecida falta de conhecimento. Sei que me falta o conhecimento sobre como construir um computador. Também sei que esse conhecimento está disponível "lá fora", caso eu decida buscá-lo. Ignorância é uma questão de escolha, pois a pessoa poderia investir recursos para obter esse conhecimento, que ela sabe estar disponível, para eliminar sua ignorância. Por exemplo, um empreendedor pode desconhecer as regulações de outra área geográfica, pois não opera atualmente naquele lugar. Se quisesse expandir suas operações lá, todavia, poderia eliminar sua ignorância ao investir recursos adicionais para obter a necessária informação regulatória.

Em contraste, a ignorância pura diz respeito aos aspectos desconhecidos do mundo. Esse tipo de ignorância não resulta da escolha e não pode ser removido com o investimento em recursos para obter informação adicional. Em vez disso, a ignorância pura representa estados do mundo que simplesmente não são conhecidos até serem descobertos pelos empreendedores. Mas como ocorre essa descoberta? A busca do lucro é o que motiva os empreendedores a ficarem continuamente alertas a oportunidades previamente inexploradas e, no processo, a tirar o véu da ignorância pura. Como as pessoas veem o mundo de forma diferente, dependendo de suas percepções subjetivas sobre seus arredores, o "estado de alerta" também varia. Essa diferenciação permite que algumas delas identifiquem oportunidades de lucro que foram negligenciadas por outras. Mas nem todas as supostas oportunidades de lucro são percepções precisas das realidades subjacentes do mundo.

Embora os empreendedores estejam confiantes de que identificaram oportunidades de lucro legítimas (de outra forma, não as buscariam), muitas delas não passam de erros. Ou seja, alguns empreendedores perceberão oportunidades que, de fato, não satisfazem os desejos dos consumidores. A determinação de que uma oportunidade percebida de lucro é, de fato, genuína, ocorre ao se submeter a oportunidade ao teste de lucros e perdas do mercado.

Se o negócio do empreendedor obtém lucros, isso revela que a oportunidade percebida de lucro foi correta. Recursos foram previamente mal alocados, permitindo que o empreendedor comprasse e combinasse os bens de capital para produzir um bem valorado pelos consumidores a ponto de estarem dispostos a pagar o preço que gera lucros. Em contraste, um prejuízo revela que a conjectura do empreendedor estava incorreta. Ele realocou recursos de maneira que gera menos valor em comparação com os usos alternativos, como demonstrado pelo fato de os consumidores não estarem dispostos a comprar o produto em quantidades suficientes para gerar lucros. O lucro sinaliza ao empreendedor que ele deve seguir produzindo, enquanto informa outros empreendedores que podem lucrar se realocarem recursos para aquela atividade lucrativa. Da mesma forma, o prejuízo sinaliza ao empreendedor que ele deve parar a produção e realocar recursos, enquanto informa a outros empreendedores que não havia lucro a ser obtido ao implementar aquele plano específico de produção.

Ao servir como teste das conjecturas empresariais, o sistema de lucros e perdas desempenha um papel fundamental ao prover *feedback* aos agentes econômicos, além de contribuir para a coordenação dentro do sistema econômico. O mecanismo de lucros e perdas também fornece um meio para estabelecer um equilíbrio entre tomada de risco e prudência. A tomada de risco é desejável porque leva à inovação e à aposta nas oportunidades percebidas que podem beneficiar os consumidores. Ao mesmo tempo, a tomada indisciplinada de risco pode levar ao desperdício de recursos escassos que, de outra forma, poderiam ser usados para produzir outros bens e serviços com valor adicionado. A prudência evita a tomada excessiva de risco, mas também leva ao comportamento muito cauteloso, que pode asfixiar o processo de inovação e destruição criativa, o qual é incerto e, portanto, contém um elemento de risco. Lucros e perdas ajudam a equilibrar essas duas forças.

A busca pelo lucro incentiva a tomada de risco, pois o pioneiro bem-sucedido pode conseguir um lucro significativo ao ser o primeiro fabricante de um bem valorado pelos consumidores. Ao mesmo tempo, o potencial de perda faz com que os empreendedores sejam prudentes ao tomar decisões de investimento. E a experiência real de incorrer em prejuízo tão logo um investimento é feito levará os empreendedores a mudarem seus comportamentos, já que falhar nisso levará a mais perdas e, por fim, à falência. Enquanto a tolerância pelo risco varia de uma pessoa para outra, uma função importante dos mercados é equilibrar a tomada cega de risco com ponderação para garantir que recursos escassos tendam a ser usados de uma maneira que gere valor para os consumidores.

A concepção austríaca de mercado como um processo de descoberta contrasta totalmente com o modelo tradicional de concorrência perfeita, que foca em estados finais de equilíbrio, em vez de se deter no processo pelo qual decisores humanos lidam com incerteza e conhecimento imperfeito a respeito das demandas futuras dos consumidores, e as melhores formas de satisfazê-las. O processo de mercado é contínuo e implica descobertas constantes e realocações de recursos em resposta a elas. Agentes econômicos adquirem conhecimento no processo de concorrência, enquanto buscam superar seus rivais ao fornecer um produto superior a um preço menor.

Como afirma F. A. Hayek, a concorrência de mercado é melhor entendida como um processo de descoberta pelo qual as pessoas podem melhor aprender, corrigir erros e descobrir novas e melhores formas de organizar a atividade econômica para satisfazer seus desejos de forma mais plena. Essa visão difere da premissa de conhecimento perfeito que baliza os modelos neoclássicos de mercado. Para os austríacos, a função central dos mercados é produzir conhecimento econômico relevante para coordenar a ação humana em um mundo de constante incerteza e mudança, de modo que as pessoas possam atingir seus objetivos de forma organizada.

Capítulo 6

Ordem espontânea

> Como podem as instituições que servem ao bem-estar humano, e que são extremamente importantes para o seu desenvolvimento, surgirem sem uma vontade comum que se direcione a estabelecê-lo?
>
> — Carl Menger (1883), *Investigations into the Method of the Social Sciences*, p. 146.

DURANTE A MADRUGADA, A NEVE COBRE O CAMPUS DA faculdade. Na manhã seguinte, enquanto os alunos se dirigem às aulas, buscam o caminho mais curto possível para evitar a chuva e o frio. O primeiro aluno corta caminho pela grama, deixando pegadas na neve. O segundo segue os rastros deixados pelo primeiro. Mais alunos passam pelo mesmo lugar, e logo surge uma rota bem-definida. Esse é um exemplo de ordem espontânea, resultado de uma ação propositada, porém não planejada. Nenhuma pessoa ou grupo de pessoas planejou conscientemente esse caminho; ainda assim, ele apareceu, na medida em que cada uma delas perseguia o objetivo de chegar à aula sem correr o risco de se molhar e pegar uma gripe. O conceito de ordem espontânea é um dos mais importantes nas ciências sociais, e está presente em toda a obra dos economistas austríacos.

O desenvolvimento sistemático da reflexão sobre a ordem espontânea foi atingido durante o século XVIII pelos estudiosos do Iluminismo escocês. Pensadores como Adam Ferguson, David Hume e Adam Smith apreciavam a ideia de que existiam mecanismos para resolver problemas complexos e gerar ordens complexas sem o planejamento ou controle de um indivíduo ou grupo de indivíduos. Além disso, dada a sutileza e a complexidade dessas ordens, não poderiam ser concebidas utilizando a razão humana, pois se estendiam além do que a mente humana poderia compreender. Uma característica essencial da teoria da ordem espontânea é que seu funcionamento não depende de um modelo ideal de pessoas. Por exemplo, não exige que as pessoas sejam benevolentes, altruístas ou profundamente inteligentes. Em vez disso, essa teoria aceita as pessoas como elas são e demonstra como os indivíduos, cada qual com seus planos e propósitos, podem contribuir para a emergência de uma ordem mais ampla que beneficia a todos na sociedade.

Trilhando os passos dos pensadores do Iluminismo, Carl Menger enfatizou que a questão central das ciências sociais era: como instituições que geram benefícios para a sociedade poderiam emergir na ausência de um planejador central? A importância dessa questão pode ser constatada ao longo das obras dos economistas austríacos, que enfatizam a importância das ordens emergentes para o entendimento dos diversos aspectos da civilização humana.

Abriremos o conceito de ordem espontânea para explorar seus componentes, começando com "ordem". Quando utilizamos a palavra "ordem", falamos da coordenação entre pessoas que buscam seus próprios fins. Como discutido nos capítulos anteriores, para a maioria das pessoas alcançar os próprios fins implica coordenação com outras que também estejam buscando seus fins. Nesse contexto, pode-se entender ordem como a integração das ações de diversas pessoas. Por outro lado, desordem sugere uma falta de coordenação, já que as pessoas são incapazes de necessariamente se alinharem com as outras para realizar seus planos. Existem dois tipos de ordem.

Uma ordem planejada é aquela racionalmente construída por meio da razão humana. Hayek chama esses tipos de ordem de "organizações". Elas são orientadas para os fins, ou seja, são planejadas com um propósito específico, ou fim, em mente. Um clube estudantil com um conjunto de regras escritas seria um exemplo de uma ordem planejada. O clube e as regras que o governam são designados para atingir um propósito específico. O segundo tipo de ordem é espontâneo. Em vez de ser planejada, uma ordem espontânea é emergente porque resulta, como uma consequência não intencional, das interações de pessoas que estão buscando os próprios fins. Ao contrário de uma organização, que é orientada para os fins, uma ordem espontânea é orientada para os meios. Ou seja, uma ordem espontânea é o resultado de pessoas empregando meios para atingir seus diversos objetivos individuais, em vez de resultar de um plano preconcebido com um fim definido.

Um exemplo de ordem espontânea seria o processo de mercado que discutimos no capítulo anterior. Pessoas interagem entre si para atingir seus objetivos. Ao fazê-lo, geram uma ordem mais ampla que não era a intenção de suas ações individuais. A ordem emergente do mercado não é pré-planejada, nem implementada por um *designer*, portanto não é orientada para fins. Em vez disso, a ordem emerge de pessoas empregando os meios disponíveis para atingirem seus objetivos individuais desejados.

Ordens espontâneas têm cinco características definidoras. Vamos usar o processo de mercado para ilustrá-las. Primeiro, são o resultado da ação humana, mas não da intenção humana. Isso significa que elas não são resultado de comportamento arbitrário. Em vez disso, são o resultado não intencional de uma variedade de indivíduos buscando seus diversos objetivos de acordo com suas habilidades. Ao buscar os próprios fins, as pessoas contribuem para a ordem mais ampla, que observamos quando damos um passo atrás e vemos os resultados de cima.

Reflita sobre o processo de mercado. Indivíduos interagem entre si para atingir seus objetivos. Essas interações beneficiam diretamente as partes, mas também contribuem para uma ordem mais ampla da qual os participantes não estão cientes. Podemos dar um passo atrás e avaliar o resultado desse processo, e observar a ordem complexa que ele produz. Por exemplo, quando vemos que o alimento é abundante no mundo sem que haja uma entidade específica planejando a coordenação que torna isso rotineiro. Ou podemos refletir e considerar a ordem existente em um supermercado, em que centenas de milhares de produtos, produzidos através das ações de milhares de pessoas, são disponibilizados para consumo geral, sem haver um plano central.

Segundo, uma ordem espontânea pode facilmente ser descrita como uma ordem, significando que padrões identificáveis emergem das interações dos indivíduos que fazem parte do sistema. O funcionamento do processo de mercado nos permite fazer amplas previsões sobre os padrões que emergirão. Por exemplo, os direitos de propriedade permitem a troca que facilita a emergência dos preços, que refletem o *trade-off*, ou custos de oportunidade, de recursos escassos. Podemos afirmar que os recursos continuarão a ser realocados aos seus usos mais valorados, na medida em que as pessoas respondem a mudanças nos preços, bem como ao *feedback* fornecido pelo sistema de lucros e perdas.

A terceira característica é que as ordens espontâneas exigem mecanismos de *feedback* — positivos e negativos — para guiar o comportamento das pessoas enquanto buscam coordenar-se com os outros. No contexto dos mercados, o sistema de lucros e perdas desempenha esse papel. Lucros e perdas oferecem *feedback* aos empreendedores sobre as oportunidades percebidas de lucro e a viabilidade de planos de produção implementados para explorá-las. Duras restrições orçamentárias sob a forma de recursos monetários finitos levam as pessoas a agirem sobre tal *feedback*, ajustando seus comportamentos. Se falharem nisso, por fim, ficarão sem dinheiro e sairão do negócio.

A quarta característica, regras gerais de conduta sobre qual é o comportamento apropriado são seguidas por aqueles cujas ações geram a ordem espontânea. Essas regras, que podem ser formais ou informais, estruturam a interação entre as pessoas e influenciam as especificidades da ordem que emerge. Os mercados são baseados nos direitos de propriedade que facilitam a interação e a troca, permitindo o surgimento dos preços. Além dos direitos de propriedade, existe uma ampla gama de regras que permite o funcionamento dos mercados. Por exemplo, normas informais, tais como costumes, e regras formais, como padrões estabelecidos por associações profissionais, facilitam muito as interações entre as pessoas.

    A quinta e última característica é que as ordens espontâneas são altamente complexas e diferenciadas, o que sugere que não podem ser totalmente compreendidas através da razão humana. Por causa disso, as pessoas que contribuem para a ordem não precisam compreender sua contribuição ou a própria ordem mais ampla. Um dos aspectos mais poderosos dos mercados é que estes geram resultados ordenados, apesar do fato de que as pessoas não sabem, nem precisam saber, como contribuem para o padrão de ordem mais amplo. Além disso, o fato de que os detalhes das ordens espontâneas vão além do domínio da razão humana significa que elas podem se expandir, muito além do que poderia ser alcançado pelo uso da mente humana para planejar intencionalmente essas ordens. Não há como as pessoas planejarem os resultados complexos dos mercados, como Mises e Hayek deixaram claro no debate sobre o cálculo socialista (veja o capítulo 3). Na verdade, os mercados são desejáveis precisamente porque nos permitem descobrir o que, de fato, não sabemos.

    Além do processo de mercado, a lógica da ordem espontânea ilumina nossa compreensão sobre os diversos outros fenômenos que observamos na vida diária. Um exemplo é a linguagem. Nenhum indivíduo específico, ou grupo de indivíduos, concebeu a linguagem. Em vez disso, ela emerge quando as pessoas interagem entre si e tentam se comunicar. Portanto, linguagem é o resultado da ação humana, mas não do planejamento humano. A linguagem é governada por um amplo conjunto de regras — as regras da gramática —, que gera uma ordem definível, facilitando a comunicação entre as pessoas. Existem também regras informais que controlam como as pessoas se comunicam. Por exemplo, em regiões distintas de países que compartilham uma linguagem comum, várias regras informais contextualizam o uso de frases e gírias específicas que os outros moradores daquela região também usam e entendem. Além da linguagem, outros fenômenos sociais — tais como moeda, direito, normas morais, cidades e dinâmicas de grupos — podem rastrear suas origens à ação humana propositada, mas não a um plano intencional. Em cada caso, os indivíduos que buscam melhorar as próprias situações contribuem não intencionalmente para uma ordem mais ampla, com benefícios generalizados.

Uma apreciação da ordem espontânea demonstra o pensamento falho por trás da crença generalizada de que a ordem deve ser o resultado da ação e projeto humanos. É geralmente suposto que previsibilidade e ordem devem resultar de políticas e planos designados e implementados por especialistas. Por essa perspectiva, a ausência de controle observável por pessoas específicas é sinônimo de caos. Não obstante, essa forma de pensar negligencia a importância das ordens espontâneas complexas e os limites da razão humana para projetar e controlar essas ordens. Há uma distinção importante entre contextos simples e complexos. Contextos simples são por natureza lineares, ou seja, há relações claras de causa e efeito entre insumos e resultados que podem ser identificados e controlados. O termo "simples" não implica facilidade ou simplicidade, mas se refere à habilidade da mente humana de identificar variáveis relevantes e entender como elas se encaixam para atingir um objetivo desejável. As especificidades de se enviar uma pessoa à Lua constituem um sistema simples que pode ser resolvido pelo uso da mente e do conhecimento humanos, assim como a construção de um arranha-céu. Esses são problemas complexos de engenharia, mas podem ser resolvidos por especialistas talentosos e habilidosos.

Por outro lado, uma situação complexa é caracterizada por indeterminação e fluxo constantes. Em um sistema complexo, as interações entre pessoas geram resultados que a razão humana não consegue antecipar ou compreender totalmente. Em contextos complexos, a ordem não resulta do projeto e controle humanos. Em vez disso, emerge de interações entre pessoas que buscam os próprios fins. Contrário à ideia de que a ordem é o resultado do projeto e regulação deliberados, tentar planejar e controlar sistemas complexos usando a razão humana está fadado a levar à disfunção, no melhor dos casos, ou a causar danos significativos ao bem-estar das pessoas, no pior.

Esses resultados indesejáveis são o efeito da confiança inapropriada na razão humana para projetar planos que sejam adequados para contextos simples, mas não para sistemas complexos. Projetar um arranha-céu não é o mesmo que compreender o melhor uso de recursos escassos entre milhões de usos potenciais. O primeiro requer o uso de conhecimento científico que pode ser transmitido e utilizado na construção. O segundo requer conhecimento econômico que não é preexistente, nem pode ser facilmente transmitido, mas que, em vez disso, emerge das interações de agentes dispersos através do processo competitivo de mercado.

Se o nosso objetivo é compreender o mundo humano, precisamos focar no modo como as pessoas estabelecem coordenação entre si para alcançarem seus objetivos. Esse entendimento inclui uma apreciação das ordens espontâneas e do papel que desempenham tanto na cooperação social como no contexto para ordens planejadas. Isso é importante para entender o mundo como ele é, e para avaliar os limites da ação humana como meio para projetar políticas. A realidade é que a inteligência do maior especialista é severamente limitada em relação à complexidade de diversas ordens espontâneas que caracterizam a vida humana. O reconhecimento de nossa limitada razão humana — o que Hayek chama de "conhecimento negativo" — é, em si, um tipo importante de conhecimento para guiar nossas ações e evitar políticas prejudiciais, mesmo quando estas são motivadas pelas melhores intenções.

A estrutura da ordem espontânea nos ajuda a entender as nuances e complexidades dos fenômenos emergentes. Ao fazê-lo, essa estrutura ilustra como muitas coisas que parecem caóticas são, na verdade, ordenadas, mesmo que além da compreensão da razão humana. A lição mais importante da teoria da ordem espontânea é a apreciação das restrições impostas por nossa limitada razão tanto para compreendermos o mundo como para projetar um mundo que se alinha aos nossos desejos.

Intervencionismo

> Por outro lado, a intervenção coercitiva significa que o indivíduo ou os indivíduos coagidos não teriam feito o que estão fazendo agora se não fosse pela intervenção. Quem é coagido a dizer ou não algo, a fazer ou não uma troca com o interventor ou outrem é influenciado a modificar suas ações por uma ameaça de violência. O indivíduo coagido perde sua utilidade como resultado da intervenção, pois sua ação foi mudada pelo impacto dela.
>
> — Murray Rothbard (1970),
> *Power and Market*, p. 13.

LEGISLADORES BEM-INTENCIONADOS NO GOVERNO BUS-cam ajudar famílias de baixa renda a comprar leite. Para tornar o leite mais acessível, impõem o preço máximo que pode ser legalmente cobrado pelo produto. Os produtores de leite, todavia, não ficam passivos frente a esse decreto governamental: ajustam seu comportamento ao teto de preços, deixando parte do estoque de leite fora do mercado, restringindo o fornecimento até poderem aumentar o preço livremente, acima do preço legislado. Isso reduz a oferta do leite disponível para os consumidores, inclusive para os mais desfavorecidos, que eram os beneficiários previstos do controle de preços. E não para por aí. Frente à redução da oferta de leite, os consumidores migram para substitutos do produto — como leite de soja e leite de amêndoa — e isso leva ao aumento no preço desses bens, tornando-os menos acessíveis aos mais desfavorecidos na sociedade.

Nesse ponto, os legisladores encaram uma decisão. Podem remover o controle de preço inicial sobre o leite de vaca, o que levará ao aumento na quantidade ofertada, uma vez que o maior preço induz os produtores a fornecer mais leite para o mercado. Podem, também, impor regulações adicionais sobre os produtores. Por exemplo, poderiam estabelecer controles de preços sobre os substitutos do leite para torná-los mais acessíveis. Podem, ainda, manter o controle de preço inicial sobre o leite de vaca, mas tentar induzir os produtores a aumentarem a oferta através de subsídios ou do confisco da produção de leite, o que transfere a propriedade privada para o controle governamental.

Esse experimento mental foi apresentado por Ludwig von Mises para ilustrar os problemas do intervencionismo, gerados pelos esforços de legisladores que tentam manipular a atividade econômica para que se alinhe aos seus objetivos. Isso requer o emprego do poder discricionário do estado administrativo para substituir as preferências dos agentes econômicos privados pelas dos legisladores. Como ilustrado pelo exemplo do controle de preços sobre o leite, a interferência governamental em um mercado gera um conjunto de efeitos interligados sobre a atividade econômica. Além disso, tentativas subsequentes dos legisladores para combater as consequências não intencionais e fazer a intervenção inicial gerar os resultados desejados leva a controles cada vez mais amplos sobre a atividade econômica, ameaçando o dinamismo do processo de mercado. Exploremos o porquê.

Intervencionismo é uma forma de planejamento não abrangente: não elimina a propriedade sobre os meios de produção, nem tenta planejar toda a atividade econômica como ocorre no socialismo. No entanto, envolve planejamento econômico fragmentado. Nesse tipo de planejamento, os legisladores substituem o que emergiu através do processo de mercado por seus julgamentos do que creem que deveria existir. A suposição implícita do intervencionismo, portanto, é que os legisladores têm acesso ao conhecimento econômico necessário para se envolver nesse tipo de planejamento e realizar seus objetivos. Mais especificamente, existem três tipos de conhecimento econômico que eles supostamente têm.

Primeiro, já que as intervenções do governo no mercado são justificadas como um meio de elevar o bem-estar social, supõe-se que os legisladores possuem conhecimento de como alocar recursos escassos superiores à alternativa do mercado. Segundo, supõe-se que os intervencionistas possuem conhecimento de como ajustar as intervenções frente a mudanças constantes. Conforme mudam as condições econômicas, também muda a eficácia das intervenções mais bem-intencionadas. Se o objetivo é melhorar o bem-estar social, intervenções passadas precisarão ser revisadas continuamente e, talvez, eliminadas ou substituídas, em face de novas circunstâncias. Isso exige que os legisladores tenham conhecimento das novas condições, além do conhecimento a respeito de como revisar melhor as regulações existentes ou introduzir outras que melhoram o bem-estar social em face de circunstâncias diferentes daquelas do passado. Terceiro, supõe-se que os legisladores possuem conhecimento do que teria ocorrido sem a intervenção. Afirmar que uma intervenção é necessária para atingir um determinado resultado implica que o mesmo resultado, ou um resultado ainda melhor, não emergiria no futuro caso a intervenção não existisse.

A principal restrição que impede os legisladores de obterem cada uma dessas categorias de conhecimento econômico é o problema do conhecimento destacado por Mises e Hayek durante o debate sobre o cálculo socialista. Sem a habilidade de confiar nos preços determinados pelo mercado e no sistema de lucros e perdas, os legisladores não podem conhecer os usos mais valorados dos recursos escassos. Essa ignorância impõe problemas para o planejamento das intervenções, pois impede que adquiram o conhecimento tácito e dependente do contexto de agentes dispersos na sociedade. Como resultado, não conseguem ter conhecimento superior aos participantes do mercado sobre a alocação dos recursos. Esse mesmo problema também condena as tentativas de legisladores de revisar intervenções conforme mudam as condições. Já que são incapazes de adquirir o conhecimento econômico de tempo e espaço necessário para determinar a melhor alocação de recursos escassos, não há como garantir que as intervenções serão revisadas e ajustadas para melhorar o bem-estar social.

Por fim, como o mercado é um processo aberto de concorrência, descoberta e mudança, os legisladores não têm como saber o que teria emergido através da interação e troca voluntárias sem a intervenção. Isso torna impossível para os legisladores determinarem se uma intervenção produziu um resultado superior ao contrafactual — a saber, se a ordem espontânea teria emergido caso os agentes econômicos tivessem ficado livres para se engajar na descoberta e na troca. Lembre-se de que os mercados são desejáveis porque criam um ambiente que permite que as pessoas testem e descubram o melhor uso para os recursos. Os legisladores limitam esse processo quando substituem o processo de mercado por seus próprios planos e julgamentos de quais alocações de recursos deveriam existir.

Como os legisladores confiam em sua razão e conhecimento limitados para intervir no processo de mercado, que é um complexo sistema além da compreensão da mente humana, surgem consequências não intencionais. Essas consequências não intencionais podem ser divididas em três categorias gerais. A primeira é a ofuscação das oportunidades atuais e futuras de lucro, que existiriam na ausência da intervenção. Na ausência da licença concedida pelo governo que restringe a entrada, por exemplo, podem existir oportunidades de lucro a serem buscadas pelos empreendedores. No entanto, pelo fato de os empreendedores não terem essa licença, não são capazes de buscar tais oportunidades. Isso reduz igualmente o bem-estar de empreendedores e consumidores, que estariam em melhor situação se tivessem acesso a esses produtos. Segundo, as intervenções normalmente criam novas oportunidades para atividades empresariais que não aumentam a riqueza.

Por exemplo, empreendedores podem tentar evitar regulações ao pagar subornos ou direcionar recursos para influenciar os reguladores. Esses comportamentos beneficiam os empreendedores, porém, são prejudiciais à sociedade, pois representam recursos e talento empresarial que já não satisfazem os consumidores, mas tentam evitar as consequências das intervenções governamentais. Terceiro, o intervencionismo pode levar à "incerteza do regime", ou seja, à inabilidade dos agentes econômicos de medir adequadamente as ações futuras do governo no que tange às intervenções. Uma economia de mercado perfeitamente funcional exige regras estáveis e previsíveis. A certeza relativa resultante permite que as pessoas façam planos melhores para o futuro. Apesar de o futuro ser caracterizado por alguma incerteza, esta pode ser reduzida se as regras forem estáveis ao longo do tempo.

Para entender a importância disso, pense sobre o processo de reflexão de um empreendedor que está decidindo buscar ou não uma oportunidade que só poderia gerar lucros em uma década. Se ele acredita que há uma boa chance de o governo mudar as regras e confiscar a sua riqueza nesse período, terá menos incentivo para investir. Se, por outro lado, o empreendedor acredita que as regras existentes, que permitem a manutenção dos lucros por parte dos investidores, permanecerão constantes ao longo dessa década, é mais provável que ele invista nesse projeto de longo prazo. O ponto mais amplo é que o intervencionismo, uma vez que resulta em interferência excessivamente pesada ou imprevisível na atividade econômica, representa uma ameaça ao dinamismo empresarial do processo de mercado.

Uma apreciação dos problemas gerados pelo intervencionismo — o problema do conhecimento e as consequências não intencionais — está no centro da crítica austríaca à economia do bem-estar padrão, que estuda como as alocações de recursos afetam o bem-estar social. Serve como racionalização econômica para a intervenção do governo, buscando encontrar o melhor uso dos recursos disponíveis, sob a premissa de que toda informação relevante a respeito das preferências e técnicas de produção é conhecida e dada. Sob tais circunstâncias, o problema econômico resume-se a um problema computacional do emprego dos meios adequados para se obter os fins desejados.

A adoção de uma política baseia-se em quão bem o mercado pode lidar com o problema econômico estático que a sociedade enfrenta. Na medida em que o mercado se afasta do ideal, diz-se que ele falhou e o governo é chamado a intervir na economia para solucionar o problema econômico.

Os austríacos argumentam que o real problema econômico que a sociedade enfrenta é o da descoberta e uso do conhecimento disperso e tácito surgido das interações. Assim, enquanto a economia tradicional pressupõe um mercado competitivo como um tipo de supercomputador, os economistas austríacos veem o mercado como um meio de mobilizar e aplicar o conhecimento específico ao contexto disperso na sociedade. Portanto, o viés dos austríacos pelo livre mercado é baseado na eficácia desse sistema em usar e transmitir os diversos *bits* de conhecimento necessários para alocar recursos de uma forma que gera valor.

A ênfase na divisão do conhecimento e no processo de mercado, como um meio de descoberta e uso desse conhecimento, é o núcleo da crítica austríaca à intervenção governamental geral e específica dentro de um mercado que opera livremente. A inabilidade do governo de obter o conhecimento necessário para planejar ou regular o sistema de preços é a crítica econômica fundamental à intervenção na ordem de mercado. Enfatizamos o termo "economia" para destacar que esse não é um argumento ideológico em favor dos mercados, mas sim um argumento sutil em economia técnica sobre o tipo e a fonte do conhecimento necessário para aplicar recursos escassos de uma maneira que melhore o bem-estar humano.

É importante notar que a análise austríaca do intervencionismo pressupõe as melhores intenções dos legisladores responsáveis por intervir no mercado. Se os legisladores dizem que planejam adotar controles de aluguéis, de modo a tornar a moradia mais acessível para os menos favorecidos na sociedade, a análise do intervencionismo é levada às últimas consequências. Ao aceitar os fins declarados como dados, o foco é saber se os meios propostos — os controles de aluguéis — são adequados para atingir a meta dos legisladores. Embora essa suposição seja irreal, oferece um benefício importante. Ao pressupor as melhores intenções dos legisladores, a análise austríaca do intervencionismo implica o difícil caso de fornecer condições extremamente favoráveis aos defensores do intervencionismo.

Mesmo sob tais condições favoráveis, em que os oficiais do governo genuinamente buscam melhorar as condições econômicas em nome do interesse público, a análise econômica demonstra que a interferência no processo competitivo do mercado produz resultados frequentemente contrários à melhoria do público. Isso não se limita ao reconhecimento dos problemas com o salário mínimo e com os controles de preços, mas aplica-se a todas as áreas de interferência governamental dentro do processo de mercado. Embora os pontos específicos possam variar de caso para caso, o resultado econômico geral é o mesmo — o intervencionismo enfraquece o dinamismo do processo de mercado ao restringir a habilidade dos agentes econômicos de participarem do processo de concorrência, descoberta, experimentação, aprendizado e troca voluntária. Isso tem consequências perversas para o bem-estar humano, que está em oposição aos objetivos bem-intencionados que os legisladores declaram para justificar intervenções no mercado.

Capítulo 8

Ciclos econômicos

O principal problema que uma teoria da depressão precisa explicar é: por que subitamente ocorre um aglomerado de erros? Essa é a primeira questão para qualquer teoria cíclica. A atividade econômica segue tranquila, e a maior parte das empresas obtém bons lucros. De repente, sem qualquer aviso, as condições mudam e a maioria das empresas sofre perdas; subitamente se revela que elas cometeram graves erros em suas previsões. [...] Via de regra, apenas alguns empresários sofrem perdas a qualquer momento específico; a maioria ou empata ou tem lucro. Como então explicar o curioso fenômeno da crise, em que quase todos os empreendedores subitamente sofrem perdas? Em suma, como foi que todos os sagazes empresários do país cometeram esses erros todos juntos, e por que esses erros foram todos revelados naquele momento em particular? Eis o grande problema da teoria dos ciclos. [...] No mercado puramente livre e desimpedido, não haverá aglomerado de erros, porque empreendedores treinados não vão todos cometer erros ao mesmo tempo. O ciclo "de boom e recessão" é gerado pela intervenção monetária no mercado, especificamente na expansão do crédito bancário para as empresas.*

— Murray Rothbard (1963),
America's Great Depression, p. 16.

F. A. HAYEK OBTEVE DOIS DOUTORADOS NA UNIVERSIDADE

de Viena (1921 e 1923). Após o período universitário, Hayek conheceu Ludwig von Mises através do seu professor, Friedrich von Wieser, e começaram sua colaboração. Por cinco anos, Hayek trabalhou na equipe de Mises em uma repartição pública e, em 1927, cofundaram o Austrian Institute for Business Cycle Research, onde seu trabalho resultou na teoria do ciclo de negócios.

Inspirado na obra anterior de Mises (*The Theory of Money and Credit*, 1912), que serviu de base para a teoria austríaca dos ciclos econômicos, Hayek trabalhou para refinar tanto o entendimento técnico da coordenação do capital como os detalhes institucionais da política de crédito. Publicou dois livros (*Monetary Theory and the Trade Cycle*, 1929, e *Prices and Production*, 1931), que analisavam os efeitos da expansão de crédito sobre a estrutura

---

* As obras *America's Great Depression* e *Human Action* possuem traduções para o português publicadas pelo Instituto Mises Brasil, respectivamente, sob os títulos de *A grande depressão americana* e *Ação humana*. Todas as citações presentes neste livro foram retiradas dessas traduções. Algumas delas foram modificadas, corrigidas e/ou atualizadas em alguns pontos. Por isso, o número de página que acompanha a citação se refere à obra original, e não às traduções.

de capital da economia. Ele apresentou sua obra em uma série de palestras na London School of Economics, onde foi acolhido com admiração e nomeado, em 1932, como Tooke Professor de Ciências Econômicas e Estatística.

A chegada de Hayek a Londres deflagrou o debate mais fundamental da política monetária no século xx — o debate entre Keynes e Hayek. Em 1930, Keynes publicara *A Treatise on Money*, o qual Hayek criticou em uma longa resenha, dividida em duas partes. O principal problema da teoria de Keynes, Hayek argumentava, era seu fracasso em compreender o papel da taxa de juros nos planos de coordenação e estrutura de capital ao longo do tempo em uma sociedade de mercado. A teoria de Mises-Hayek do ciclo de negócios oferecia uma alternativa ao tornar compreensível o "aglomerado de erros" que ocorre durante o *bust* (recessão), focando nas distorções nos preços relativos e na estrutura de capital criados pelas expansões de crédito induzidas pelo governo. Nesse sentido, a teoria austríaca dos ciclos ilustra a dinâmica do intervencionismo, pela qual uma intervenção inicial do governo no mercado desencadeia uma série de consequências não intencionais e indesejáveis.

No centro da teoria Mises-Hayek está a ideia de que o dinheiro não é neutro. Seria neutro se uma expansão monetária não tivesse efeito sobre os preços reais. Por exemplo, seria neutro se uma duplicação da oferta de moeda levasse a uma duplicação automática de todos os preços e salários, de tal modo que a riqueza real permanecesse igual. As contas bancárias das pessoas dobrariam, bem como os preços, de modo que o seu poder de compra real permaneceria o mesmo. A noção de que o dinheiro não é neutro, por outro lado, enfatiza que a expansão monetária não eleva todos os preços e salários igual e instantaneamente.

Em vez disso, o dinheiro percorre o sistema econômico, começando no ponto de injeção e gera mudanças nos preços relativos conforme avança dentro do sistema. Esse processo beneficia os primeiros recipientes do dinheiro recentemente impresso à custa daqueles que o recebem depois.

Aqueles que recebem o novo dinheiro antes do ajuste geral dos preços beneficiam-se do aumento do poder de compra que lhes permite atrair recursos de outros que não desfrutam desse maior poder de compra. Os últimos a receberem o novo dinheiro sofrem com a queda do poder de compra, pois os preços já foram ajustados para cima. A mudança nos preços relativos gerada pela expansão do crédito influencia o processo de troca e produção, na medida em que os empreendedores respondem aos sinais dos preços, enquanto propõem e revisam seus planos de produção. Esses, por sua vez, determinam a estrutura de capital e, por fim, quais bens de consumo são produzidos.

Talvez a forma mais fácil de entender a teoria austríaca dos ciclos econômicos seja contrastar uma expansão econômica genuína, resultante de uma mudança na poupança, com um *boom* do crédito causado pelo governo. Em primeiro lugar, considere o mercado de fundos emprestáveis que resulta da disposição das pessoas de poupar a distintas taxas de juros (o lado da oferta do mercado) e da disposição dos empreendedores de emprestar em diferentes taxas de juros (o lado da demanda do mercado). Juntos, a oferta e a demanda por fundos emprestáveis resultam em uma taxa de juros que coordena ambos os lados do mercado. Essa é conhecida como a "taxa de juros natural", pois emerge naturalmente das interações voluntárias de fornecedores e demandantes de fundos emprestáveis.

A taxa de juros é melhor entendida como um preço intertemporal que coordena como os recursos são alocados ao longo do tempo. Capta a "preferência temporal" das pessoas ou sua disposição de consumir agora, em vez de postergar o consumo atual, poupando para o futuro. As taxas de juros determinadas pelo mercado servem à função de coordenar o mercado de fundos emprestáveis, de modo que os empreendedores realizam oportunidades de investimento consistentes com o desejo das pessoas de poupar hoje para poderem consumir no futuro. Além disso, a taxa de juros natural determina não apenas o nível geral de investimento, mas também a alocação de recursos dentro da complexa estrutura de capital.

Na medida em que as preferências temporais das pessoas mudam, também muda o seu desejo de poupar. Isso afeta a taxa de juros do mercado dos fundos emprestáveis. Por exemplo, suponha que um novo avanço na medicina eleve a expectativa de vida. Isso levará as pessoas a reduzir sua preferência temporal, o que significa que terão uma preferência maior por poupar para o futuro, em comparação a consumir no presente. Essa mudança na preferência temporal afeta o mercado de fundos emprestáveis. O desejo de poupar mais aumentará a oferta de fundos emprestáveis; isso gera dois efeitos.

Primeiro, o aumento na oferta de fundos emprestáveis reduzirá a taxa de juros (considerando uma determinada demanda por eles). Essa queda na taxa de juros dos fundos emprestáveis transmite um sinal importante para os empreendedores: projetos de longo prazo antes não lucrativos a uma taxa mais alta de juros agora são lucrativos a uma taxa menor. Segundo, ao mesmo tempo, o desejo das pessoas de poupar mais para o futuro aumenta a disponibilidade de recursos que os negócios podem usar para implementar esses projetos. A taxa de juros dos fundos emprestáveis facilita a revisão dos planos intertemporais de produção na medida em que os empreendedores investem em projetos de produção mais longos e indiretos (distintos dos bens de consumo). Note que, nesse cenário, o processo de mercado funciona para coordenar capital heterogêneo e a especificidade múltipla ao longo do tempo para refletir as preferências temporais dos agentes econômicos. Essa situação é sustentável porque os planos de produção alinham-se com as preferências subjacentes dos consumidores e, também, porque os recursos necessários para executar e completar os projetos empresariais estão prontamente disponíveis, já que os consumidores decidiram postergar o consumo no presente, preferindo o consumo no futuro.

Contraste essa situação com um *boom* de crédito artificial induzido pelo governo. Um banco central decide aumentar a oferta de fundos emprestáveis por meio da criação de dinheiro novo que injeta na economia. Como no cenário acima, isso aumenta a oferta geral de fundos emprestáveis e reduz a taxa de juros. No entanto, há uma diferença importante. Nesse cenário, o aumento na oferta de fundos emprestáveis e a queda concomitante na taxa de juros refletem uma mudança genuína na preferência dos consumidores de poupar mais no presente. Já a injeção induzida pelo banco central não reflete uma mudança real nas preferências temporais dos consumidores. Assim como no cenário anterior, os empreendedores respondem à taxa de juros mais baixa tomando mais empréstimos, já que projetos previamente não lucrativos passam a ser rentáveis a uma taxa de juros mais baixa. Os planos de produção são revisados de acordo para expandir a produção de mais bens e serviços no futuro.

O problema é que a taxa de juros mais baixa não é um reflexo exato das preferências genuínas dos consumidores. Ou seja, as pessoas desejam consumir e poupar da mesma forma que antes da injeção de crédito pelo banco central. No cenário anterior, a redução (genuína) na taxa de juros do mercado foi acompanhada pela disponibilidade de recursos — uma vez que os consumidores escolhiam poupar ao postergar o consumo imediato — para concluir projetos implementados por empreendedores a uma taxa de juros mais baixa. No cenário de crédito artificial, isso não ocorre. Como as preferências dos consumidores não mudaram, eles não disponibilizam recursos adicionais através da poupança.

Na verdade, ocorre o contrário. Conforme a taxa de juros cai, como resultado da injeção de fundos pelo banco central, as pessoas respondem poupando menos e gastando mais no presente. O resultado é que as ações dos empreendedores e a dos consumidores são discrepantes. A consequente distorção na estrutura de produção mantida é insustentável na medida em que a expansão monetária opera na economia. Os consumidores continuam a receber rendas e a demonstrar suas verdadeiras preferências através da poupança e do consumo. Por fim, a taxa de juros artificialmente baixa ajusta-se para refletir a real escassez de poupança, em comparação com as percepções dos produtores imediatamente após a expansão de crédito, enquanto os empreendedores disputam entre si os recursos escassos disponíveis. Para alguns deles, os projetos que pareciam lucrativos se revelam agora economicamente inviáveis.

Portanto, o *boom* associado à expansão de crédito leva ao *bust*, quando as forças econômicas se reafirmam e fica claro que as oportunidades de investimento que eram percebidas como lucrativas são inviáveis ou não podem ser completadas. O *bust*, que é a revelação do mau investimento causado pela injeção de crédito pelo banco central, implica um processo de reestruturação e reagrupamento do capital na medida em que os empreendedores revisam seus planos de produção, alinhando suas preferências genuínas de consumo e poupança dos agentes econômicos.

A teoria dos ciclos econômicos de Mises e Hayek tem implicações importantes para políticas públicas. Em contraste com o foco dos austríacos nas distorções nos preços relativos e na estrutura de capital, muitos economistas atribuem os *busts* a uma deficiência na demanda agregada. Por essa perspectiva, a política adequada é o governo aumentar a demanda agregada através de uma mescla de estímulos monetários e fiscais. Os austríacos opõem-se a essa resposta política, porque consideram essas supostas soluções como a principal causa do *bust* em primeiro lugar.

A resposta apropriada a um *bust* é permitir que os empreendedores, por meio do funcionamento do processo de mercado, realoquem e reagrupem os recursos escassos dentro da estrutura de capital. Esse processo leva tempo e pode gerar custos significativos como liquidação de negócios, desemprego e recursos ociosos. No entanto, esses custos não podem ser evitados através de uma expansão artificial de crédito, pois essa resposta só causará mais distorções à estrutura do capital. Na melhor das hipóteses, elas conseguem "empurrar o problema com a barriga" ao encobrir as consequências das distorções anteriores, criando distorções adicionais. Elas não podem, todavia, resolver o problema fundamental, que é a má alocação de recursos escassos gerada pela intervenção inicial no mercado. Além de discutir a resposta política a um *bust* assim que ele ocorre, os economistas austríacos têm explorado formas de evitar o seu surgimento. Isso implica planejar e reformar as instituições monetárias para limitar a possibilidade de expansões de crédito que levam a distorções nos preços relativos e na estrutura de capital. Tais propostas encaixam-se na ideia de "constituição monetária": um conjunto de regras e arranjos institucionais que limitam quanto dinheiro os bancos conseguem criar. Uma constituição monetária pode assumir várias formas na prática, como uma regra que limite a quantidade de crédito criado dentro de um período de tempo, o lastro do crédito em moeda forte para limitar a habilidade dos bancos de imprimir dinheiro ou a concorrência monetária, que limitaria a criação de dinheiro ao substituir um fornecedor monopolista centralizado de dinheiro (banco central) pela concorrência entre bancos.

Começamos este capítulo discutindo o desenvolvimento da teoria austríaca dos ciclos econômicos e o famoso debate Hayek--John Maynard Keynes na década de 1930. Quem ganhou esse debate? Keynes respondeu à primeira parte da crítica de Hayek à *A Treatise on Money* criticando o livro *Prices and Production*, de Hayek. Após a publicação da segunda parte da crítica de Hayek, Keynes decidiu não responder. Em vez disso, buscou completar seu livro seguinte, *The General Theory of Employment, Interest, and Money*. Hayek, por outro lado, começou a refinar seu entendimento da teoria do capital, pois estava convencido de que era o ponto central que devia ser transmitido para Keynes e para o resto dos profissionais de economia.

A *General Theory* foi publicada em 1936 e Hayek decidiu não escrever uma crítica. Ao tomar essa decisão, Hayek cometeu o que muitos defensores do sistema de livre mercado consideram o maior erro tático deste século. Enquanto a *General Theory* tornou-se, talvez, o livro mais influente da ciência política econômica do século xx, Hayek dedicou-se a um projeto que se tornaria *The Pure Theory of Capital* (1941), o seu livro mais técnico, porém menos influente. Em meio à Grande Depressão, Keynes foi considerado o vencedor do debate com Hayek, e a economia keynesiana passou a dominar o estudo da macroeconomia.

Planejamento e o problema do poder

> O controle econômico não é apenas o controle de um setor da vida humana, distinto dos demais; é o controle dos meios para a realização de todos os nossos fins. E quem detiver o controle total dos meios deverá também determinar a que fins nos dedicaremos e a que valores atribuiremos maior ou menor importância — em suma, determinará aquilo em que os homens deverão acreditar e pelo que deverão trabalhar.
>
> — F. A. Hayek (1944),
> *The Road to Serfdom*, p. 92.

COMO DISCUTIDO NOS CAPÍTULOS ANTERIORES, EM SEUS esforços para planejar a atividade econômica, os legisladores governamentais sofrem com o problema do conhecimento insuficiente. O conhecimento está disperso na sociedade, e boa parte dele é tácito, ou seja, não pode ser comunicado, agregado ou possuído por um simples legislador ou grupo de legisladores. O problema do conhecimento aplica-se tanto aos esforços de planejamento econômico mais amplo — isto é, o planejamento da atividade econômica como um todo — para os esforços de planejamento não abrangente — ou seja, esforços fragmentados para planejar aspectos da atividade econômica. O processo de mercado atenua o problema de conhecimento na medida em que os empreendedores, confiando em preços determinados pelo mercado e no sistema de ganhos e perdas, descobrem o melhor uso para recursos escassos. A inabilidade dos planejadores governamentais de adquirir o conhecimento econômico necessário, combinado com o fato de que as pessoas ajustam seu comportamento frente às intervenções, também significa que os esforços para planejar a atividade econômica levarão a uma série de consequências não intencionais, como ilustrado pelo exemplo do controle de preços do leite no início do capítulo 7. Além do problema do conhecimento, há outro problema com o planejamento governamental da economia: ele tende a centralizar o poder discricionário nas mãos de um pequeno grupo de legisladores.

Esse "problema do poder" foi evidenciado por F. A. Hayek e Don Lavoie em seus escritos sobre o planejamento governamental. Assim como o problema do conhecimento, o problema do poder aplica-se tanto ao planejamento abrangente como ao não abrangente. Além disso, os problemas do conhecimento e do poder estão inter-relacionados. O problema do poder surge do fato de que os legisladores encaram um problema de conhecimento ao planejar, mas devem desenvolver e impor um plano concreto para atingir seus objetivos. Exploraremos aqui a interconexão entre esses problemas duplos.

Independentemente da extensão da intervenção, o planejamento econômico do governo engloba a substituição do processo de mercado para decidir como alocar recursos escassos pelo processo político, ou seja, substituir os objetivos e desejos dos agentes privados do mercado pelos legisladores. Portanto, o planejamento governamental exige desenvolver um plano abrangente de resultados econômicos baseados na visão dos legisladores. No mercado, tomadores de decisão dispersos desenvolvem seus planos individuais, orientados pelos preços (cálculo econômico) e pelo sistema de lucros e perdas. A busca por esses planos individuais leva a uma ordem abrangente, que é espontânea e não planejada por qualquer mente individual. No mercado, não há uma simples hierarquia de fins a ser perseguida, mas sim uma diversidade de objetivos perseguidos por decisores individuais.

No mercado, nem todos os consumidores precisam comprar sedãs azuis de quatro portas. Em vez disso, os mercados permitem o surgimento de uma diversidade de bens que não é predeterminada por uma única entidade de planejamento — veículos de todos os modelos, tamanhos e cores são oferecidos no mercado. A situação é diferente quando o governo intervém na atividade econômica. Os legisladores precisam identificar um conjunto predefinido de fins que acreditam que deveria existir. A necessidade de predefinir fins torna-se evidente quando apreciamos que o real propósito do planejamento governamental é intervir nos mercados para substituir o processo de mercado e os resultados espontâneos que origina, com os fins predeterminados pelos planejadores. Por exemplo, os legisladores determinam que um produto ou serviço específico deveria ou não existir, ou que um determinado preço deveria ser cobrado.

Uma vez que os legisladores governamentais adotam seus desejos e objetivos e não os dos agentes privados, o conhecimento econômico que emerge através do processo de mercado será distorcido ou perdido. Lembre que o conhecimento econômico não é predeterminado ou dado. Em vez disso, esse conhecimento emerge através de interações e de experimentação no processo competitivo de mercado. Portanto, restringir o processo de mercado trava o mecanismo que possibilita a descoberta do conhecimento econômico.

Considere novamente o caso de um simples controle de preço que exemplifica o planejamento econômico não abrangente. Nesse cenário, não há abolição dos mercados. Preços de mercado ainda existem, e o processo de mercado continua a operar. No entanto, esse processo é distorcido pelo teto artificial que o governo impôs sobre o preço do mercado. Alterando os preços que naturalmente emergiriam no mercado, a intervenção distorce o conhecimento contido no sinal dos preços sobre a escassez relativa de recursos. Isso afetará negativamente o padrão mais amplo de alocação de recursos na medida em que as pessoas respondem ao sinal de preço artificial, que não capta as condições genuínas e subjacentes de escassez. É essa lógica que explica a série de consequências não intencionais que surgem da intervenção adicional, como ilustrado pelo caso do controle sobre o preço do leite.

Frente a essas consequências não intencionais, os legisladores têm duas opções. Podem remover a intervenção inicial, que permitirá o livre funcionamento do processo de mercado. Ou podem introduzir políticas adicionais com o intuito de corrigir esses resultados indesejáveis. Contudo, note que a segunda opção exige expandir o poder discricionário dos legisladores, na medida em que estende o seu controle sobre mais aspectos da atividade econômica. Para planejar, implementar e fazer cumprir uma intervenção inicial, os planejadores governamentais precisam de algum grau de poder discricionário. Precisam ser capazes de impor regras sobre indivíduos privados envolvidos na troca voluntária para obter o resultado desejado, o que difere do que teria emergido de outra forma. Além disso, devem ser capazes de supervisionar o cumprimento das regras impostas e punir eventuais desvios.

Agora, considere o que acontece quando a intervenção inicial resulta em consequências não intencionais e os planejadores escolhem impor regras adicionais na esperança de resolver esses efeitos indesejáveis. Os legisladores devem expandir o escopo de seu poder para intervir em outras áreas da atividade econômica. Conforme sugere a dinâmica do intervencionismo, mesmo aquelas que parecem ser simples intervenções no mercado podem desencadear uma série de consequências que requerem intervenções subsequentes. Quando isso acontece, o poder discricionário dos legisladores governamentais expande à medida que os planejadores requerem controle e influência adicionais para sanar consequências novas e não antecipadas das intervenções anteriores.

Apreciar a conexão entre intervencionismo e poder político tem implicações para o estado de direito como um meio de evitar abusos do poder governamental. O estado de direito é um conceito legal que requer regras predeterminadas e vinculantes sobre os agentes do governo para limitar o abuso arbitrário de poder. Como Hayek destacou em *O caminho da servidão* (1944), o planejamento econômico dos legisladores governamentais necessariamente viola o estado de direito porque os planejadores devem ter liberdade para tratar de situações que não podem ser antecipadas *ex ante*. Isto é, o planejamento requer que os legisladores tenham alguma margem para tratar dessas circunstâncias imprevistas conforme elas forem surgindo. Essa liberdade é totalmente contrária às regras conhecidas, previsíveis e estáveis requeridas pelo estado de direito. A liberdade nas restrições, que tenderão a se expandir conforme aumenta a necessidade de interferência, abre espaço para abusos de poder pelos representantes do governo.

O problema do poder será minimizado caso o processo político selecione apenas pessoas benevolentes para implementar e propor políticas (embora até mesmo os legisladores mais benevolentes ainda enfrentassem o problema do conhecimento). No entanto, não há razão para acreditar que a combinação de planejamento e política pode não resultar no resultado ideal. Considerando o que o planejamento engloba, candidatos potenciais a cargos no governo serão aqueles que se sentem confortáveis em fazer planos baseados em suas preferências e impor suas visões sobre outros que teriam optado por atividades diferentes se pudessem ter feito suas próprias escolhas. Hayek argumentava que o próprio desejo dos planejadores de organizar a vida de acordo com um plano simples e abrangente surge do desejo de poder controlar e moldar o mundo segundo a visão do planejador.

A questão crucial é que o intervencionismo requer que os legisladores não se sintam apenas confortáveis ao impor sua visão sobre os outros, mas que também estejam dispostos a usar a ameaça de força, e a força, para punir desvios de seus planos. Tal conforto e disposição de recorrer à força, combinados com a liberdade de restrições do governo requeridas para planejar uma economia aberta e em constante mudança, ameaça as liberdades individuais. Conforme o planejamento torna-se mais abrangente — como no caso do planejamento nacional — haveria uma grande tendência, Hayek argumentava, de que os piores membros da sociedade chegassem a posições de poder. Sua previsão baseava-se nas grandes vantagens de poder associadas ao controle de um aparato de planejamento mais abrangente, bem como o tipo de caráter pessoal que seria exigido de planejadores cujo sucesso exigia impor e reforçar planos a nível nacional sobre uma população inteira. Embora Hayek acreditasse que esse risco fosse maior sob o planejamento econômico total, é importante apreciar essa preocupação ao considerar todas as formas de intervenção. Considerando-se o que um planejamento bem-sucedido implica, diferenças no planejamento abrangente e não abrangente são questões de grau, não de tipo. Portanto, o potencial para o abuso do poder coercitivo é algo que, pelo menos, deve ser considerado, independentemente do tipo de intervenção.

Quando combinados, os problemas do poder e do conhecimento ressaltam o potencial de distorções significativas nas instituições econômicas, sociais e políticas. Uma apreciação desses problemas duplos é parte da razão pela qual os economistas austríacos tendem a apoiar o processo de mercado e estabelecer claras limitações sobre a habilidade dos legisladores governamentais de intervirem no mercado. Mercados são altamente eficazes em empoderar as pessoas para resolverem o problema do conhecimento. Ao mesmo tempo, o processo de mercado serve como uma restrição importante sobre o poder político e privado sobre a vida de indivíduos privados. O poder político é limitado porque a confiança no mercado para alocar recursos escassos limita o número de decisões econômicas que os legisladores precisam tomar. O poder econômico privado é limitado porque os mercados competitivos são contestáveis. Isso significa que, na ausência de barreiras governamentais à concorrência, mesmo as empresas mais consolidadas e poderosas estão sujeitas a pressões competitivas por empreendedores em busca de lucro. Essas pressões competitivas podem tomar a forma de novos entrantes em uma linha de negócio existente que esperam conquistar uma participação no mercado, ou na forma de inovação que introduz um bem ou serviço inteiramente novo.

A ameaça potencial de abusos de poder associada ao planejamento explica por que Hayek passou parte de sua carreira explorando várias regras que restringissem o governo. Ele propôs uma norma de generalidade, que aproximava o estado de direito ao incorporar os princípios de igualdade perante a lei e da imparcialidade, destinada a limitar a habilidade dos legisladores de participarem no planejamento econômico. Ao fazê-lo, esta norma também limitaria abusos potenciais de poder ao limitar a discrição e impedir legisladores de escolherem favoritos ou imporem custos significativos sobre grupos minoritários. Ao mesmo tempo, uma norma de generalidade limitaria o poder econômico privado, prevenindo que as empresas buscassem benefícios políticos para se protegerem da concorrência, enfraquecendo o processo de mercado.

Ao considerar diferentes instituições políticas e políticas públicas, é importante apreciar os problemas de conhecimento e do poder para refletir profundamente sobre uma gama de questões relevantes. Em vez de supor que legisladores possuem o conhecimento necessário para conquistar seus fins desejados, precisamos pensar sobre o conhecimento requerido para o sucesso, e se os legisladores têm acesso a ele. Uma apreciação do cálculo econômico melhora o nosso entendimento do conhecimento único que emerge através do processo de mercado, e o problema do conhecimento que os legisladores tentam planejar resultados superiores.

Além disso, em vez de assumir que os legisladores são benevolentes — tanto os que estão no poder hoje como os que estarão no futuro — precisamos estudar os incentivos que eles encaram no planejamento, implementação e cumprimento de políticas para garantir que exista um alinhamento entre os interesses públicos e privados. De forma alguma essa abordagem oferece respostas para todas as questões levantadas por instituições políticas, mas lança luz sobre algumas questões centrais associadas ao estabelecimento de instituições e políticas que melhoram o bem-estar de pessoas que devem respeitá-las.

Capítulo 10

Economia austríaca, ontem e hoje

> O conhecimento acumulado pela ciência econômica é um elemento essencial da civilização humana; é a base sobre a qual se assentam o industrialismo moderno, bem como todas as conquistas morais, intelectuais, tecnológicas e terapêuticas dos últimos séculos. Cabe aos homens decidir se preferem usar adequadamente esse rico acervo de conhecimento que lhes foi legado ou se preferem deixá-lo de lado. Mas, se não conseguirem usá-lo da melhor forma possível ou se menosprezarem os seus ensinamentos e as suas advertências, não estarão invalidando a ciência econômica; estarão aniquilando a sociedade e a raça humana.
>
> — Ludwig von Mises (1949),
> *Human Action*, p. 885.

A ESCOLA AUSTRÍACA DE ECONOMIA TEM UMA LONGA E

louvável história. Membros dessa escola receberam o Prêmio Nobel de Economia, foram reconhecidos como membros honorários da AEA e da British Academy, serviram como presidentes de grandes associações científicas na economia, trabalharam como editores de importantes periódicos econômicos e lecionaram em algumas das universidades mais prestigiadas do mundo. Além dessa rica história, os elementos centrais da Escola Austríaca têm relevância contemporânea para a pesquisa econômica e para as políticas públicas.

A economia é fundamentalmente uma ciência humana, ou seja, o estudo de todos os fenômenos econômicos deve estar vinculado aos propósitos e projetos dos indivíduos. As pessoas estão inseridas em uma série de instituições formais e emergentes, e os acadêmicos austríacos iluminam os arranjos que melhoram a condição humana. Ao delinear o que é meu e o que é seu, direitos de propriedade são um pré-requisito para a troca, que é o fundamento que permite a expansão do mercado e o aumento da criação de riqueza. Esses direitos de propriedade motivam os indivíduos a usarem os seus recursos de formas produtivas. As trocas benéficas que ocorrem devido ao reconhecimento das oportunidades de ganho mútuo resultam em termos pactuados de troca, que são expressos em preços de mercado. Por sua vez, esses preços permitem que os agentes econômicos se dediquem ao cálculo econômico para determinar como alocar bens de capital escassos para produzir bens e serviços valorados pelos consumidores. Lucros e perdas servem como um *feedback* crucial para os empreendedores, informando-os se seus julgamentos sobre o uso de recursos escassos refletem os desejos dos consumidores. Ao permitir que os agentes econômicos naveguem o oceano de usos alternativos de recursos escassos, o processo de mercado permite a coordenação complexa das atividades econômicas ao mesmo tempo em que entrega progresso material generalizado.

Mesmo as intervenções governamentais mais bem-intencionadas e limitadas no mercado são problemáticas, pois distorcem o processo de mercado. Ao distorcer preços e o sistema de lucros e perdas, há uma distorção nos sinais enviados aos empreendedores que, por sua vez, afetam negativamente a estrutura de capital e bens produzidos. Um exemplo disso são as expansões de crédito pelos bancos, que reduzem a taxa de juros e mudam os planos de produção dos empreendedores ao distorcerem a lucratividade esperada de processos produtivos mais distantes. Como essa intervenção distorce os sinais econômicos enviados aos empreendedores, resulta em uma alocação de recursos que não se alinha às preferências subjacentes dos consumidores. Esse mau investimento eventualmente resulta em uma crise, por causa do desequilíbrio entre as decisões empresariais, assim como o resultado da taxa de juros artificialmente baixa e as preferências reais dos consumidores. Como ilustra a Teoria Austríaca do Ciclo Econômico (TACE), intervenções no processo de mercado têm efeitos reais que podem afetar negativamente o bem-estar humano.

Outro problema da intervenção governamental é que atribui poder significativo aos legisladores. Embora esse poder possa ser potencialmente usado para o bem, também pode ser usado negativamente em movimentos oportunistas, que beneficiam poucos à custa de muitos. Quando isso ocorre, as consequências desejáveis do processo de mercado são atenuadas, se não totalmente erodidas. Clientelismo, o enredamento de agentes políticos e privados, é talvez o exemplo contemporâneo mais relevante dessa lógica: quando os agentes privados podem fazer parcerias com a elite política, são capazes de levantar barreiras que minam o processo competitivo de mercado. Isso enfraquece a habilidade do processo de mercado de gerar melhorias generalizadas no padrão de vida humano.

O mistério central da economia é como a sociedade de mercado atinge a cooperação social e coordenação econômica sem um comando central. A resposta a esse mistério pode ser encontrada nos princípios centrais da Escola Austríaca de Economia, que permanecem tão relevantes hoje como quando foram introduzidos pela primeira vez.

Sugestões de leitura

OS ESCRITOS DOS TEÓRICOS DA TRADIÇÃO AUSTRÍACA SÃO vastos e diversos. Segue abaixo uma lista de leituras sugeridas para aqueles interessados em aprender mais sobre as ideias deste livro. A lista está dividida em três seções. Para cada leitura, a data original de publicação é listada e, dentro de cada categoria, as leituras estão organizadas cronologicamente, da mais antiga para a mais recente.

A primeira contém sugestões para pessoas cuja única exposição à economia austríaca é o presente livro. A segunda contém sugestões sobre a escola austríaca para leitores que têm alguma base ou conhecimento de economia que vá além desta breve introdução. Esta seção contém uma lista de biografias de economistas austríacos, contextualizando a vida e obra dos principais autores desta escola, bem como uma lista geral de livros sobre a escola austríaca. A terceira seção oferece sugestões para um leitor mais avançado, sendo dividida pelos tópicos abordados nos capítulos deste livro. Assim, podendo buscar análises e discussões mais aprofundadas de tópicos específicos que sejam de seu interesse.

PARA LEITORES INICIANTES

Boettke, Peter J. *Austrian School of Economics*. In the Library of Economics and Liberty. Disponível em: <https://www.econlib.org/library/Enc/AustrianSchoolofEconomics.html>.

Holcombe, Randall. *Advanced Introduction to the Austrian School of Economics*. Edward Elgar, 2014.

PARA LEITORES INTERMEDIÁRIOS

Biografias de economistas austríacos

Holcombe, Randall. *15 Great Austrian Economists*. Ludwig von Mises Institute, 1999.

Caldwell, Bruce. *Hayek's Challenge: An Intellectual Biography of F. A. Hayek*. University of Chicago Press, 2014.

Kirzner, Israel. *Ludwig von Mises: The Man and His Economics*. ISI Books, 2001.

Hülsmann, Jörg Guido. *Mises: The Last Knight of Liberalism*. Ludwig von Mises Institute, 2007.

Livros gerais sobre economia austríaca

O'Driscoll, Gerald. *Economics as a Coordination Problem: The Contributions of Friedrich A. Hayek*. Sheed Andrews and McMeel, 1977.

Boettke, Peter J. *The Elgar Companion to Austrian Economics*. Edward Elgar, 1994.

Boettke, Peter J. *Handbook on Contemporary Austrian Economics*. Edward Elgar, 2010.
Murphy, Robert. *Choice: Cooperation, Enterprise, and Human Action*. The Independent Institute, 2015.
O'Driscoll, Gerald e Rizzo, Mario. *Austrian Economics Re-Examined: The Economics of Time and Ignorance*. Routledge, 2014.
Boettke, Peter J. *F. A. Hayek: Economics, Political Economy, and Social Philosophy*. Palgrave MacMillan, 2019.

PARA LEITORES AVANÇADOS (POR TÓPICO)

Princípios metodológicos

Menger, Carl (1871/1981). *Principles of Economics*. New York University Press.
Menger, Carl (1883/1985). *Investigations into the Method of the Social Sciences*. New York University Press.
Wieser, Friedrich von (1927/2003). *Social Economics*. Adelphi.
Mises, Ludwig von (1949/2007). *Human Action: A Treatise on Economics*. Liberty Fund.
Mises, Ludwig von (1957/2005). *Theory and History: An Interpretation of Social and Economic Evolution*. Liberty Fund.
Kirzner, Israel (1960/2009). *The Economic Point of View*. Liberty Fund.
Mises, Ludwig von (1962/2006). *The Ultimate Foundations of Economic Science: An Essay on Method*. Liberty Fund.
Rothbard, Murray. *Man, Economy and State: A Treatise on Economic Principles*. D. Van Nostrand, 1962.

Cálculo econômico

Mises, Ludwig von (1920/1975). Economic Calculation in the Socialist Common-wealth. Republicado em Friedrich A. Hayek, ed., *Collectivist Economic Planning* (Kelley Publishing): pp. 87–130.

Mises, Ludwig von (1922/1981). *Socialism: An Economic and Sociological Analysis*. Liberty Fund.

Hayek, F. A. *Individualism and Economic Order*. University of Chicago Press, 1948.

Mises, Ludwig von (1949/2007). *Human Action: A Treatise on Economics*. Liberty Fund.

Lavoie, Don. *Rivalry and Central Planning: The Socialist Calculation Debate*. Cambridge University Press, 1985.

Soto, Jesús Huerta de. *Socialism, Economic Calculation, and Entrepreneurship*. Edward Elgar, 1992.

Capital e estrutura de produção

Menger, Carl (1871/1981). *Principles of Economics*. New York University Press.

BÖHM-BAWERK, Eugen (1884/1890). *Capital and Interest: A Critical History of Economic Theory*. Macmillan.

Lachmann, Ludwig. *Capital and its Structure*. Sheed Andrews and McMeel, 1956.

Lewin, Peter. *Capital in Disequilibrium*. Routledge, 1999.

Processo de mercado

Kirzner, Israel. *Market Theory and the Price System*. Van Nostrom, 1963.

Kirzner, Israel. *Competition and Entrepreneurship*. University of Chicago Press, 1973.

Lachmann, Ludwig. *Capital, Expectations, and the Market Process*. Sheed Andrews and McMeel, 1977.

Kirzner, Israel. *The Meaning of the Market Process: Essays in the Development of Modern Austrian Economics*. Routledge, 1992.

Thomsen, Esteban. *Knowledge and Prices: A Market-Process Perspective*. Routledge, 1992.

Ordem espontânea

Hayek, F. A. *Law, Legislation, and Liberty, Vol. 1: Rules and Order*. University of Chicago Press, 1973.

Hayek, F. A. (2014). *The Collected Works of F. A. Hayek, Volume 15: The Market and Other Orders*. Bruce Caldwell, ed. University of Chicago Press, 2014.

Intervencionismo

Mises, Ludwig von (1929/2011). *Interventionism: An Economic Analysis*. Liberty Fund.

Mises, Ludwig von. *Omnipotent Government: The Rise of the Total State and Total War*. Yale University Press, 1944.

Rothbard, Murray. *Power and Market: Government and the Economy*. Sheed Andrews and McMeel, 1970.

Kirzner, Israel. *The Perils of Regulation*. Law and Economics Center. Miami School of Law, 1978.

Ikeda, Sanford. *Dynamics of the Mixed Economy: Toward a Theory of Interventionism*. Routledge, 1996.

Ciclos econômicos

Mises, Ludwig von. (1912/1981). *The Theory of Money and Credit*. Liberty Fund.

Hayek, F. A. (1929/1966). *Monetary Theory and the Trade Cycle*. Augustus M. Kelley Publishing.

Hayek, F. A. *Prices and Production*. Routledge, 1931.

Hayek, F. A. *The Pure Theory of Capital*. Macmillan, 1941.

Mises, Ludwig von. (1949/2007). *Human Action: A Treatise on Economics*. Liberty Fund.

Rothbard, Murray. *America's Great Depression*. D. Van Nostrand, 1963.

Garrison, Roger. *Time and Money: The Macroeconomics of the Capital Structure*. Routledge, 2000.

Horwitz, Steven. *Microfoundations and Macroeconomics: An Austrian Perspective*. Routledge, 2000.

Planejamento e o problema do poder

Hayek, F. A. *The Road to Serfdom*. University of Chicago Press, 1944.

Hayek, F. A. *The Constitution of Liberty*. University of Chicago Press, 1960.

Lavoie, Don. *National Economic Planning: What is Left?* Ballinger, 1965.

Sobre os autores

CHRISTOPHER J. COYNE É PROFESSOR DE ECONOMIA NA George Mason University e professor associado do F. A. Hayek Program for Advanced Study in Philosophy, Politics, and Economics no Mercatus Center, e F. A. Harper Professor de Economia no Mercatus Center. Obteve o seu Ph.D. na George Mason University. É coeditor da *The Review of Austrian Economics* e da *The Independent Review*. Também é editor de resenhas da *Public Choice*. O professor Coyne é autor e coautor de *Tyranny Comes Home: The Domestic Fate of U.S. Militarism* (2018, Stanford University Press); *Doing Bad by Doing Good: Why Humanitarian Action Fails* (2013, Stanford University Press); *Media, Development and Institutional Change* (2009, Edward Elgar); e *After War: The Political Economy of Exporting Democracy* (2007, Stanford University Press). É coeditor de *In All Fairness: Liberty, Equality, and the Quest for Human Dignity* (2019, Independent Institute); *Exploring the Political Economy and Social Philosophy of James M. Buchanan* (2018, Rowman & Littlefield); *Interdisciplinary Studies of the Market Order: New Applications of Market Process Theory* (2017, Rowman & Littlefield); *Future: Economic Peril or*

Prosperity? (2016, Independent Institute); *The Oxford Handbook of Austrian Economics* (2015, Oxford University Press); e *The Handbook on the Political Economy of War* (2011, Edward Elgar). Além disso, escreveu diversos artigos acadêmicos, capítulos de livros e estudos sobre políticas e, em 2016, foi o vencedor do prêmio *Teaching Excellence* da George Mason University.

PETER J. BOETTKE É PROFESSOR DE ECONOMIA E FILOSOFIA na George Mason University, bem como diretor do F. A. Hayek Program for Advanced Study in Philosophy, Politics, and Economics e BB&T Professor do Study of Capitalism no Mercatus Center. Obteve seu Ph.D. da George Mason University. Autor de diversos livros e artigos, o professor Boettke desenvolveu um programa de pesquisa em economia política que expande o entendimento de como os indivíduos, agindo na ordem de mercado mais ampla, podem promover a liberdade e a prosperidade na sociedade, e como os arranjos institucionais moldam, reforçam ou inibem as escolhas individuais que levam ao desenvolvimento econômico sustentável. Seus livros mais recentes incluem *F. A. Hayek: Economics, Political Economy and Social Philosophy*; *Public Governance and the Classical Liberal Perspective*, com Paul Aligica e Vlad Tarko; e *The Four Pillars of Economic Understanding*. Boettke é editor de diversos periódicos acadêmicos e séries de livros, incluindo *Review of Austrian Economics*, *Journal of Economic Behavior & Organization*, e a série de livros *Cambridge Studies in Economics, Choice, and Society*, da Cambridge University Press, entre outros. Foi presidente da Southern Economic Association, 2015–2017; presidente da

Mont Pelerin Society, 2016–2018; presidente da Association of Private Enterprise Education, 2013–2014; e presidente da Society for the Development of Austrian Economics, 1999–2001. Em 2013, se tornou presidente e fundador honorário da World Interdisciplinary Network for Institutional Research.

Agradecimentos

OS AUTORES GOSTARIAM DE AGRADECER A LOTTE & JOHN Hecht Memorial Foundation, por seu generoso apoio a este projeto. Também gostariam de agradecer a Don Boudreaux e Jason Clemens, por seu encorajamento e *feedback* sobre versões anteriores.

Propósito, financiamento e independência do Fraser Institute

O FRASER INSTITUTE OFERECE UM SERVIÇO DE UTILIDADE pública. Relatamos informação objetiva sobre os efeitos econômicos e sociais das políticas públicas atuais, além de oferecermos pesquisa baseada em evidências e instrução acerca das opções políticas que podem melhorar a qualidade de vida.

O Fraser Institute é uma organização sem fins lucrativos. Nossas atividades são financiadas por doações de caridade, fundos livres, venda de ingressos, patrocínios em eventos, licenciamento de produtos para distribuição pública e venda de publicações.

Toda pesquisa é sujeita à revisão rigorosa por especialistas externos, conduzida e publicada separadamente pelo conselho de administração e seus doadores.

As opiniões expressas pelos autores são as suas próprias, e não refletem necessariamente as do Instituto, de seu conselho de administração, de seus doadores e apoiadores ou de seus funcionários. Esta publicação de nenhuma forma implica que o Fraser Institute, seus curadores, sua equipe apoiam ou se opõem à aprovação de qualquer lei; ou que apoiam ou se opõem a qualquer partido ou candidato político particular.

Como uma parte saudável da discussão pública entre concidadãos que desejam melhorar a vida das pessoas através de melhores políticas públicas, o Instituto está aberto ao escrutínio científico de nossas pesquisas, incluindo verificação de base de dados, replicação de métodos analíticos e debate inteligente sobre os efeitos práticos de recomendações de políticas.

Sobre o Fraser Institute

NOSSA MISSÃO É MELHORAR A QUALIDADE DE VIDA DOS canadenses e suas famílias, bem como das futuras gerações, ao estudar, medir e comunicar amplamente os efeitos das políticas governamentais, do empreendedorismo e das escolhas sobre o seu bem-estar.

Revisão por pares – validando a exatidão de nossa pesquisa

O FRASER INSTITUTE MANTÉM UM PROCESSO RIGOROSO de revisão por pares para toda a sua pesquisa. Novas pesquisas, grandes projetos de pesquisa, e pesquisas substancialmente modificadas conduzidas pelo Fraser Institute são revisadas por, no mínimo, um especialista interno e dois especialistas externos. Espera-se que os revisores tenham conhecimento reconhecido na área em questão. Sempre que possível, a revisão externa é um processo "cego".

Observações e artigos de conferências são revisados por especialistas internos. Atualizações com respeito à pesquisa anteriormente revista ou a novas edições de pesquisa anteriormente revista não são revisadas a menos que atualizações incluam mudanças substantivas ou materiais na metodologia.

O processo de revisão é supervisionado pelos diretores dos departamentos de pesquisa do Fraser Institute, que são responsáveis por assegurar que toda pesquisa publicada pelo Instituto passará pela revisão de pares adequada. Se surgir uma disputa com respeito às recomendações durante o processo de revisão por pares, o Instituto tem um conselho editorial consultivo, um painel de especialistas do Canadá, Estados Unidos e Europa a quem pode recorrer para resolvê-la.

Conselho editorial consultivo

MEMBROS

Prof. Terry L. Anderson
Prof. Robert Barro
Prof. Jean-Pierre Centi
Prof. John Chant
Prof. Bev Dahlby
Prof. Erwin Diewert
Prof. Stephen Easton
Prof. J.C. Herbert Emery
Prof. Jack L. Granatstein

Prof. Herbert G. Grubel
Prof. James Gwartney
Prof. Ronald W. Jones
Dr. Jerry Jordan
Prof. Ross McKitrick
Prof. Michael Parkin
Prof. Friedrich Schneider
Prof. Lawrence B. Smith
Dr. Vito Tanzi

ANTIGOS MEMBROS

Prof. Armen Alchian*
Prof. Michael Bliss*
Prof. James M. Buchanan* †
Prof. Friedrich A. Hayek* †
Prof. H.G. Johnson*

Prof. F.G. Pennance*
Prof. George Stigler* †
Sir Alan Walters*
Prof. Edwin G. West*

* Prêmio Nobel; † falecido

ASSINE NOSSA NEWSLETTER E RECEBA INFORMAÇÕES DE TODOS OS LANÇAMENTOS

WWW.FAROEDITORIAL.COM.BR

CAMPANHA

Há um grande número de portadores do vírus HIV e de hepatite que não se trata.

Gratuito e sigiloso, fazer o teste de HIV e hepatite é mais rápido do que ler um livro.

Faça o teste. Não fique na dúvida!

ESTE LIVRO FOI IMPRESSO EM MARÇO DE 2022